이끄는 자의 통찰
THE LEADER

이끄는 자의 통찰 - 더 리더(THE LEADER)

1판 1쇄 발행 2015년 5월 30일
1판 3쇄 발행 2019년 6월 30일

지은이 무위
펴낸이 송준화
펴낸곳 아틀라스북스
등   록 2014년 8월 26일 제399-2017-000017호

기획편집총괄 송준화
마 케 팅 총 괄 박진규
디자인 김민정

주소 (12084) 경기도 남양주시 청학로 78 812호(스파빌)
전화 070-8825-6068
팩스 0303-3441-6068
이메일 atlasbooks@naver.com

ISBN 979-11-950696-2-0 (13320)
값 12,000원

저작권자 ⓒ 무위 2015~2019
이 책의 저작권은 저자에게 있습니다. 서면의 의한 저자의 허락없이
내용의 일부를 인용하거나 발췌하는 것을 금합니다.

이 도서의 국립중앙도서관 출판시도서목록(CIP)은 서지정보유통지원시스템 홈페이지
(http://seoji.nl.go.kr)와 국가자료공동목록시스템(http://www.nl.go.kr/kolisnet)에서
이용하실 수 있습니다.(CIP제어번호: CIP2015012939)

이끄는 자의 통찰

더 리더

무위(無爲) 지음

● 추천의 글

양심 리더십, 인문학적 리더십의 실현을 위한 필독서!

　동양 리더십은 한마디로 '양심 리더십'이라고 할 수 있습니다. '내가 당해서 싫은 것은 남에게 가하지 마라!'는 양심으로 자신의 욕심을 이끄는 것, 이것이 양심 리더십의 본질입니다. 즉, 자신의 내면을 경영하지 못하는 자는 결코 남을 이끌 수 없다는 뜻입니다. 그래서 동양에는 '리더'를 의미하는 '군자君子'를 '양심의 달인'으로 보는 전통이 있습니다. 팔로어follower의 마음을 헤아리고 배려할 줄 모르는 비양심적 리더는 이미 리더가 아니라는 것입니다. 팔로어의 욕심뿐만 아니라 양심까지 배려하는 리더야말로 천하를 경영할 수도 있는 리더이니 말입니다.

　동양 리더십의 바이블인 《대학》에서는 대학의 이념을 아래와 같이 설명하고 있습니다.

　'먼저 자신의 양심을 온전히 밝혀내고, 이를 바탕으로 백성들

의 양심을 각성시켜서, 모두가 다 최선의 경지로 나아가게 하는 것이다.'

《대학》은 고대에 국가 경영의 리더인 군자를 양성하던 곳입니다. 그런 대학의 이념이 다름 아닌 자신과 백성을 양심적으로 경영할 수 있는 '양심적 리더의 육성'이었던 것입니다. 이러한 내용을 또 다른 리더십의 바이블인《중용》에서는 아래와 같이 설명합니다.

'지혜·사랑·용기, 세 가지를 알면 자신을 경영하는 방법을 알 수 있고, 자신을 경영하는 바를 알면 남을 경영하는 방법을 알 수 있으며, 남을 경영하는 방법을 알면 천하와 국가를 경영하는 방법을 알 수 있을 것이다.'

이러한 관점에서 이 책《이끄는 자의 통찰 - 더 리더》는 양심 리더십의 달인이 되는 데 필수적인 덕목인, 지혜·사랑(덕)·용기를 쉽게 깨닫고 익힐 수 있도록, 알기 쉬운 풍부한 경영 사례와 역사적 사례를 소개하고 있습니다. 이 세 가지 덕목이 체화되었을 때, 그러한 리더십이 가정과 사회에 미치는 효용이란 무궁할 것입니다. 이 책은 이 땅의 진정으로 남을 이끌 수 있는 리더가 되고자 하는 이들이 읽어야 할 필독서라고 확신합니다.

윤홍식(홍익학당 대표)

● 글을 시작하며

 도산 안창호 선생은 오늘날 '진정한 리더의 부재'를 한탄하는 우리에게 다음과 같은 가르침을 남겨 주었다.
 "우리 가운데 인물이 없는 것은, 인물이 되려고 마음먹고 힘쓰는 사람이 없기 때문이다. 왜 인물이 없다고 한탄하는 그 사람이 인물이 될 공부를 하지 않는가. 그대는 나라를 사랑하는가. 그렇다면 먼저 그대가 건전한 인격자가 되라."
 필자가 이 책을 쓰게 된 동기 역시 바로 이러한 가르침에서 비롯되었다. 즉, 동서양의 고전뿐만 아니라 현대 경영사까지를 아우르며 우리 시대에 본보기가 될 만한 사례들을 찾아 전달함으로써, 독자들 스스로 리더십에 대한 통찰을 얻을 수 있도록 해보자는 생각으로 글을 쓰기 시작한 것이다. 특히 필자는 이 책을 쓰면서 현대 경영의 주요 사례, 20여 년 간 필자가 직접 사람을 뽑고 평가하는 일을 하는 과정에서 느끼고 경험했던 이야기, 철학자로부터 배우고 실천해본 인문학과 역사에 대한 이야기, 심리학과 전략, 병법, 예측에 관한 이야기 등을 고루 담으려고 노력했다. 이러한 구성을 통해 독자들이 리더십의 본질을 쉽게 이해하는 한편, 실제 현장에서 리더십을 발휘하는 데 있어서 생각의 단초를 제공하고자 했다.

구체적으로 이 책은 오래전부터 이어온 리더의 핵심 덕목인 지(智)·덕(德)·용(勇)을 중심으로, 지(智)에는 전략 수립, 올바른 판단, 미래 예측, 상황 및 원인 파악 등의 내용을, 덕(德)에는 나눔과 배려, 사람을 쓰는 능력을, 용(勇)에는 생각을 실천으로 옮기는 용기 등에 대한 이야기를 배치했다. 물론 이 작은 책 한 권에 리더십의 전체를 담을 수는 없지만, 이 책의 내용을 뼈대로 독자들 스스로 살을 붙여나간다면 누구나 훌륭한 리더로 성장할 수 있다고 확신한다.

양극화, 고령화, 무한경쟁 시대, 고도 기술 사회로의 진입에 따른 직업의 소멸 등 우리에게 닥친 시대적 난제는 누구 한 사람이 해결할 수 있는 문제가 아니다. 위대한 지도자도 필요하지만, 이 책을 읽는 독자들 한 명 한 명이 각자의 자리에서 올바른 리더로서의 역량을 발휘해야만 이러한 난국을 함께 헤쳐 나갈 수 있다. 이 책이 그 출발점이 되어, 독자들 모두가 스스로의 인생을 이끄는 리더의 삶을 살 수 있기를 기원한다.

인생의 멘토로서 이 책의 철학적인 바탕을 잡아 주신 홍익학당 윤홍식 대표님, 바쁜 와중에 추천사를 써 주신 ㈜액션스퀘어 김재영 대표님, 부족한 글을 격려해가며 책으로 만들어질 수 있도록 도와준 아틀라스북스의 송준화 편집장님과 박진규 본부장님, 옆에서 지켜봐 주시고 격려해 주신 부모님, 누님, 아내, 두 아들, 마지막으로 큰 가르침을 주신 역사 속 수많은 선현들께 감사의 인사를 드린다.

무위

차례

추천의 글 • 5
글을 시작하며 • 7

 _ Wisdom

01 초심을 지키는 지혜, 이 또한 곧 지나가리니 • 18
   Index 석가모니, 제행무상(諸行無常), 다윗왕, 솔로몬왕, 아놀드 토인비, 창조적 소수자

02 좋은 의견을 얻고자 하면 양극단을 두들겨라 • 22
   Index 회의의 기본적인 목적, 세종의 회의를 통한 경영, 끝장 토론, 세종의 회의 방법

03 멀리 생각하지 않으면 반드시 가까운 근심이 생긴다 • 27
   Index 로열 더치 쉘, 시나리오 경영, 핀테크(FinTech)의 발전, 최악의 시나리오

04 파고 또 파다 보면 그것의 이치를 알 수 있다 • 33
   Index 주자의 격물치지, 정주영 회장의 통찰력, 제리 스터넌의 베트남 구호 활동, 긍정적 사고

05 미세한 한 수의 차이가 곧 신(神)의 한 수 • 38

　　Index　서능욱, 우칭위안의 치수 고치기 10번기, 명품과 짝퉁, 톰 피터스, 승자 독식 사회

06 먼저 비워야만 비로소 채울 수 있다 • 43

　　Index　아리스토텔레스, 산책, 장 자크 루소, 임마누엘 칸트, 마커스 라이클 박사의 뇌 과학 연구, 디폴트 모드 네트워크

07 열심히 하는 사람은 즐기는 사람만 못하다 • 47

　　Index　몰입=호감, 사우스웨스트항공의 편 경영 사례, 창의적인 조직

08 판세를 들여다보는 훈수꾼의 지혜 • 51

　　Index　김성근 리더십, 로버트 퀸 박사의 '리더십의 근원적 상태', 개리 길크라이스트

09 꼬인 문제를 해결하는 결정적인 한 방 • 54

　　Index　엉킨 실타래, 문제 해결의 우선순위, 《대학》, 광종의 노비안검법과 과거제

10 시간, 공간, 에너지를 지배한다는 것 • 58

　　Index　란체스터 법칙, 이순신 장군의 불패 신화, 각개전투 전략(Divide and conquer, 분할정복법), 명량해전

11 황금 알을 얻자고 거위의 배를 가르지 마라 • 62

　　Index　황금 알을 낳는 거위, 플랫폼 사업, 프리첼, 섣부른 유료화 전략, 싸이월드, 페이스북

12 마음의 찜찜함을 남기면 반드시 큰 우환이 따른다 • 67

　　Index　작은 균열, 세월호 사건, 하인리히의 법칙, 전조 증상, 자명함과 찜찜함

13 도천지장법(道天地將法)으로 경쟁의 판세를 읽다 • 70
　Index　조직의 경쟁력을 판단하는 방법, 히딩크 감독의 월드컵 준비 과정, 지피지기 백전불태

14 답을 구하려면 질책이 아니라 질문을 던져라 • 74
　Index　빌 게이츠, 에노모토 히데타케, 코칭의 본질, 마음을 텅텅 빈 것 같게 한다, 맥스 랜의 코칭 방식

15 세상에 가치 있는 것을 상상하고 또 상상하라 • 79
　Index　결과물에 대한 이미지, 세종, 장영실, 자격루, 훈민정음, 앨런 머스크

德 _ Virtue

16 하늘은 덕을 돕고 사람은 그 덕을 따른다 • 84
　Index　플라톤의 철인정치, 대동사회, 탕임금, 일신우일신, 이윤, 《서경》 함유일덕 편

17 패자의 역습을 자초하는 승자의 오만함 • 89
　Index　구천, 부차, 와신상담, 마키아벨리의 《군주론》, 불신과 복수심

18 사람의 마음은 무엇으로 움직이는가 • 93
　Index　허즈버그의 2요인 이론, 동기 요인, 위생 요인, 맹자 양혜왕 편, 왕도 정치

19 함께 나누려는 마음을 놓치면 천하를 잃을 수 있다 • 97
　Index　탐욕, 빅맨 넨, 강태공, 문왕, 순임금, 부가가치의 합리적인 배분

20 사람의 본성은 양심과 욕심을 함께 가지고 있다 • 101
　Index　성선설, 성악설, 더글러스 맥그리거의 XY이론, 《한비자》, 윤홍식

21 훌륭한 인재를 얻으려면 먼저 자기성찰지능을 살펴라 • 105
Index 조조, 유소, 《인물지》, 데니얼 골먼의 《EQ 감성지능》, 스티븐 P. 로빈슨의 감성 역량, 눈빛, 《맹자》 이루상 편

22 사람은 누구나 자신이 얻을 것을 정확히 저울질한다 • 110
Index 여우와 신 포도, 빅터 브룸의 기대 이론, 게임 업체의 인센티브 제도 사례, 교세라그룹의 아메바 경영, 애덤스의 공정성 이론

23 미래를 얻으려면 기술과 예술을 우대하라 • 115
Index 로봇 혁명, 인간과 로봇 간의 경쟁, 징기스칸의 기술자 우대, 내백공(來百工)

24 결국 모든 답은 사람에게서 나온다 • 120
Index 어벤져스, 짐 콜린스의 《좋은 기업을 넘어 위대한 기업으로》, 웰스 파고와 뱅크 오브 아메리카의 사례, 1명의 천재와 1,000명의 조력자 모델, 손권의 인재 활용

25 따뜻한 한마디의 말이 만드는 거대한 결과 • 124
Index 박지성과 히딩크 감독 사례, 석가모니의 무재칠시(無財七施), 스티븐 코비, 감정 계좌의 지출과 수입

26 일하기 좋은 기업의 조건 • 128
Index 로버트 레버링 박사의 GWP 조건, 스티븐 P. 로빈슨의 감성 경영, 신뢰, 애덤 스미스, 동감의 의미, 《초한지》, 진시황, 유방

27 나눌수록 커지는 공유경제의 비밀 • 132
Index 로렌스 레식, 공유경제, 리눅스의 오픈 소스 전략, 테슬라와 도요타의 특허 개방 전략, 골드코프의 공유경제 사례

勇 _ Courage

28 모르는 것을 모른다고 하는 용기 • 138
Index 레셉스, 수에즈 운하, 파나마 운하, 성공의 함정, 물이 아래로 흐르는 이치, 소크라테스의 델포이 신탁, 공자의 교훈

29 리더는 땅에 발을 디디고 별을 보는 사람이다 • 141
Index 앤드류 로버츠, 처칠과 히틀러의 리더십 사례, 최악의 가정, 미생

30 '최초'라는 단어의 권리는 실천하는 자만이 누릴 수 있다 • 145
Index 벤저민 프랭클린, 피뢰침, 실천하는 용기, 이나모리 가즈오, 지혜의 창고

31 전장에서는 항상 가볍고 빠르게 움직여라 • 149
Index 수나라 양제, 을지문덕, 징기스칸, 몽골 기병, 구글의 조직 문화

32 귀에 쓴 말을 소중하게 받아들이는 용기 • 154
Index 당 태종, 위징, 장손황후, 순임금

33 과거의 오류를 과감하게 인정하는 용기 • 158
Index 매몰 비용(sunk cost), 브리티시 에어웨이와 에어 프랑스의 콩코드 여객기 공동 개발 사례, 콩코드의 오류, 롤프 도벨리, 베트남 전쟁

34 도와 덕이 있는 사람은 만고의 처량함을 취하지 않는다 • 161
Index 공인의 범주, 선비, 송암 김면 선생, 이회영 형제의 독립 운동 사례, 피터 드러커, 타타그룹 라탄 회장, 《채근담》

35 대의(大義)를 위해 감정을 내려놓는 용기 • 167
   Index 감정의 동물, 넬슨 만델라, 프레데리크 빌렘 데 클레르크, 아파르트헤이트, 감정싸움, 대의에 관련된 문제

36 언제나 그렇듯 문제의 답은 현장에 있다 • 170
   Index 마쓰시타 고노스케, 오사카 엑스포, 고객 관점, 《노자 도덕경》

37 열린 경영, 리더와 같은 생각과 모습을 갖게 하는 길 • 173
   Index 서두칠 회장의 열린 경영 사례, 조미옥 박사의 《훌륭한 일터 GWP》

38 솔선수범이 만드는 혼연일체 • 177
   Index 오기, 손무, 《오자병법》, 《손자병법》, 부자지병(父子之兵), 솔선수범, 동고동락

39 꿈꾸는 용기, 세상의 비웃음을 경이로움으로 바꾸다 • 181
   Index 알리바바, 마윈, 손정의 회장, 인생 계획, 소프트뱅크 출범 시의 해프닝, 플로렌스 체드윅, 여성 최초의 영국해협 횡단

40 1,008번의 실패가 가져다 준 1,009번째의 성공 • 185
   Index OTL, 좌절 금지, 켄터키 프라이드치킨, 커넬 샌더스, PDCA 원칙, 엔터프라이즈

41 큰 선(善)은 때로 비정해 보이나 큰 이익을 만든다 • 189
   Index 장안인, 《료범사훈》, 여문의공, 이나모리 가즈오의 소선대악 대선비정(小善大惡 大善非情)

42 사리사욕이 강한 공신을 멀리 해야 하는 이유 • 192
   Index 창업 공신, 송나라 건국시조 송광윤, 배주석병권, 지수사(地水師)의 괘

43 이익 앞에서 정의로울 수 있는 용기 • 197
　　Index 리더 자신의 욕심이 투영된 결과, 맹자와 양혜왕의 사례, 존슨앤드존슨의 윤리경영 사례, 롤 모델

44 시련이 올 때에는 배움의 기회가 함께 찾아온다 • 200
　　Index 이순신 장군, 아홉 번의 시련, 《난중일기》, 맹자의 조언

45 목련꽃이 아름다워도 그 지는 꽃잎을 간직하는 사람은 없다 • 205
　　Index 마르쿠스 아우렐리우스의 《명상록》, 필사즉생 필생즉사, 인자(仁者)의 조건, 손정의, 소프트뱅크 아카데미아

부록_ 양심경영지표 • 209
참고문헌 • 214

智
지
Wisdom

초심을 지키는 지혜,
이 또한 곧 지나가리니

　석가모니가 우리에게 남겨준 가장 커다란 가르침은 '제행무상諸行無常', 즉 '세상 어떤 것도 언제까지나 그대로 있는 것은 없다'는 것이다. 이러한 석가모니의 가르침처럼 세상에 영원한 것은 없다. 과거 세계를 제패한 로마 제국이나 몽골 제국도, 1,000년의 역사를 자랑하던 신라와 500년의 역사를 자랑하던 조선 역시 이제는 모두 역사의 뒤안길로 사라졌다.

　다윗과 골리앗의 신화로 유명한 다윗왕은 한 전쟁에서 크게 승리한 후 궁중의 장인에게 자신을 위해 반지를 만들라고 지시했다. 그리고 자신이 승리에 도취되어 기쁨을 억제할 수 없을 때 그 마음을 경계할 수 있고, 반대로 자신이 절망에 빠졌을 때에는 용기를 얻을 수 있는 문장을 그 반지에 새겨 넣으라고 했다. 그 장인은 지혜를 총동원해 오랜 시간 고민해보았으나 도저히 왕이 흡족해 할 만한 문장이 떠오르지 않았다. 결국 그는 당시 현명하기로 소문난 솔로몬왕자를 찾아가 도움을 청했다. 이때 솔로몬왕자가 그 장인에게 알려준 문장이 바로 이것이다.

이 또한 곧 지나가리니 (Soon it shall also come to pass).

석가모니의 '제행무상'과 한 치도 어긋남이 없는 말이다. 리더가 이러한 교훈을 망각하고 과거의 희로애락에 연연하면, 결국 초심이 흔들리고 자만이나 좌절에 빠지게 된다. 또한 어려운 현실에 도전하고자 하는 마음과 변화에 대처하는 유연한 사고도 함께 사라져 버린다. 실제로 지금까지 수많은 나라와 조직들이 이러한 과정을 통해 역사 속으로 자취를 감추고 말았다.

역사학자 아놀드 토인비Arnold Toynbee, 1889~1975는 창조자 소수자와 지배적 소수자라는 개념을 들어 이러한 역사적 과정에 대해 설명해 주고 있다. 그는 특히 상황의 격변이라는 '도전'에 대해 소수의 리더가 얼마나 잘 '응전'하느냐에 따라 문명의 성장과 쇠퇴가

좌우된다고 주장했다. 이때 창조적 소수자Creative Minority는 하나의 문명을 쇠퇴하게 만들 수 있는 도전의 기미를 예민하게 간파하고 그러한 도전에 올바로 응전하도록 그 사회 구성원을 일깨우고 격려하며 극복하게 만든다고 한다. 반면에 창조적 소수자가 타락하면, 즉 자신이 품었던 사명감과 순수성, 열정, 창조성을 잃게 되면 지배적 소수자Dominant Minority로 전락하게 된다고 한다. 토인비는 이렇게 되면 그 리더는 이미 지도자가 아님에도 불구하고 여전히 자신의 자리를 유지하려 하지만, 결국 그가 이끄는 사회나 집단은 쇠퇴하고 종국에는 몰락하고 만다고 주장했다.

안타깝게도 '지혜의 왕'이라고 불렸던 다윗과 솔로몬 역시 토인비가 주장한 이 전철을 그대로 밟고 말았다. 다윗왕은 이스라엘군이 암몬 연합군과 치열한 전투를 벌이고 있을 때 한 유부녀에게 흑심을 품었다. 그녀는 그 전투에 출전한 우리야라는 신하의 아내 밧세바였다. 다윗왕은 욕망에 눈이 멀어 밧세바를 궁전으로 데려와 강제로 관계를 맺었을 뿐 아니라, 그녀를 자신의 아내로 만들기 위해 우리야를 일부러 최전방으로 보내 죽게 만들었다. 또한 말년에는 셋째 아들 압살롬과 맏아들 암논의 싸움과 압살롬의 반란 등 집안 내분에 시달리다 결국 솔로몬에게 왕위를 물려주고 세상을 떠나고 말았다.

이스라엘의 3대 왕으로 등극한 솔로몬 역시 집권 초기에는 왕국의 번영을 이끌었지만 점차 초심을 잃고 방탕하고 사치스러운 생활에 빠지고 말았다. 게다가 이러한 생활을 즐기기 위해 과중한 세금과 강제 노동, 폭압 정치를 자행함으로써 백성들의 불만을 샀고, 이스라엘 부족 간 갈등과 대립을 심화시켰다. 그리고 결국 이스라엘은 이것을 계기로 솔로몬 사후에 남북으로 분열되는 운명을 맞고 말았다. 더욱 운명적인 사실은 솔로몬이 바로 다윗왕이 신하를 죽음으로 내몰고 차지한 아내 밧세바와의 사이에서 얻은 아들이라는 것이다.

모든 리더의 초심이 같을 수는 없다. 하지만 그 안에 조직의 성장을 바라는 긍정적인 의미가 들어 있다는 점만큼은 동일할 것이다. 또한 그것이 구성원들이 리더를 창조적 소수자로서 지지하는 신뢰의 초석이 된다는 사실 또한 다르지 않을 것이다. 이 말은 결국 리더가 자주 초심을 일깨우는 것이 올바른 리더십을 발휘하는 초석이 된다는 것을 의미한다.

02

좋은 의견을 얻고자 하면 양극단을 두들겨라

 회의는 조직 문화의 핵심이기도 하지만, 때로는 '회의를 위한 회의'를 남발함으로써 구성원들의 시간과 에너지를 낭비하게 만들기도 한다. 회의의 기본적인 목적은 여러 사람이 모여 특정 사안을 다양한 시각에서 검토함으로써 최선의 안을 도출하는 데 있다. 그런데 간혹 회의가 리더의 독단적인 의견을 관철시키는 수단 내지는 책임을 정당하게 회피하는 수단으로 활용되는 경우가 있다. 한마디로 '여러 사람의 의견을 수렴해서 내 맘대로 결정하겠다'는 식이다.

세종世宗, 1397~1450은 역사적으로 이러한 오류를 배제하고 회의를 통한 경영을 가장 효과적으로 실행한 대표적인 리더로 꼽을 수 있다. 그는 회의를 할 때 항상 의견이 서로 상반되는 관료들을 참여시켜 '끝장 토론'을 시켰다고 한다. 그리고 치열한 토론 끝에 양측의 의견이 점차 좁혀지면 그것을 정책에 반영함으로써 좋은 성과를 만들어냈다.

이미 오래전부터 다양한 방식의 TV 토론 프로그램이 방영되다 보니, 이제는 우리에게도 끝장 토론이라는 용어가 꽤나 익숙하게 다가오게 되었다. 이러한 토론은 대부분 특정 정책을 놓고 각 정당의 달변가들이 의견을 주고받는 식으로 진행되는데, 말이 끝장 토론이지 토론을 이어갈수록 의견이 좁혀지기는커녕 서로의 감정의 골만 깊어지는 경우가 허다하다. 이처럼 극과 극의 의견을 가진 사람들을 모아놓고 회의를 진행하면 쉽게 결론이 나지 않는 경우가 많다. 그러다 보면 앞서 말했듯이 결국 리더의 의견에 수렴하거나, 다음 회의 일정만 공유한 채 흐지부지 끝나버리고 마는 것이다.

세종이 이러한 문제를 극복하고 끝장 토론을 통해 좋은 정치를 실현할 수 있었던 이유는 그의 유학자적인 면모에서 찾아볼 수 있다. 유학의 핵심 사상은 순임금이 우임금에게 왕위를 물려주면서 전해 주었다는, 다음과 같은 치세의 비결에 잘 담겨 있다.

인심(人心, ego)은 위태롭고 도심(道心, 양심)은 미미하니 오로지 정밀하고 오로지 하나로 하여 그 중(中, 최선)을 잡아라.

　세종은 바로 이러한 '중中'의 개념을 회의에 적용했던 것이다. 세종국가경영연구소 전통연구실장을 맡고 있는 박현모 교수가 지은 《세종처럼》이라는 책을 보면, 세종이 수령고소금지법(특별히 큰 죄를 짓지 않는 한 백성이 수령을 고소할 수 없도록 한 법)을 개정하자는 자신의 의견에 맞서는 허조許稠라는 재상을 몇 번의 회의를 통해 결국 승복시켰다는 대목이 나오는데, 이때 허조가 다음과 같은 이야기를 했다고 한다.

　"신이 원한 바는 원억(원통한 누명을 써서 억울함)을 호소하는 소장訴狀을 수리하지 말아서 상하의 구분을 전일專一하게 하고자 한 것입니다. 그러나 두 번 아뢰어도 윤허를 얻지 못하였으니 어찌할 수 없습니다. 이 교지를 반포하신다면 거의 중용中庸을 얻을 수 있겠습니다."

　보통 의견이 극단적으로 부딪치는 사람들이 모여서 회의를 하면 서로 감정 싸움을 벌이거나, 아예 대화 자체를 거부하려고 하는 경우가 많다. 하지만 세종은 오히려 까칠한 성격의 극보수주의자인 허조를 일부러 회의에 참석시켰다. 이를 통해 양극단의 의견들이 서로 부딪치게 함으로써 균형 잡힌 결론을 얻으려고 한 것이다. 공자는 《논어》에서 이러한 논의 방식을 다음과 같이 표현했다.

내가 아는 것이 있겠는가? 아는 것이 없다. 그러나 어떤 사람이 나에게 물으면, 마음을 텅텅 빈 것 같게 하고, 나는 그 두 끝을 두들기는 것을 다할 뿐이다.

《논어》 자한(子罕) 편

공자는 대화에 임할 때에는 우선 마음을 비워 선입견을 제거해야 한다고 이야기했다. 이것이 다른 사람의 말을 경청하는 데 있어서 기본적인 덕목이 되기 때문이다. 위의 글에서 '마음을 텅텅 빈 것 같게 한다'는 표현이 바로 이것을 의미한다. 그리고 '두 끝을 두들긴다'는 표현으로 서로 상반되는 의견이 부딪치게 함으로써 모두가 공감하는 최선의 안을 뽑아내야 한다는 점을 강조한 것이다.

예전에 비해 조직의 회의 문화가 많이 성숙해졌음에도 불구하고 아직까지 많은 리더들이 회의를 통해 최대한 빨리 결론을 얻어야 한다는 조급함을 내비치고는 한다. 그러다 보니 설익은 결론을 채택하거나, 심지어 자신의 의견에 반대하는 구성원을 교묘히 회의에서 배제시키기도 한다. 하지만 조직의 성장을 바라는 리더라면 그러한 조급함을 내려놓고 회의야말로 '조직이 소통할 수 있는 소중한 기회'라는 생각을 가져야 한다. 다음과 같이 박현모 교수가 책을 통해 정리한 세종의 회의 방법을 참고하면, 그처럼 소중한 기회를 조직의 성과로 연결시키는 데 큰 도움을 얻을 수 있다.

- 서로 의견이 상반되는 관료들을 참여시켜 다양한 관점에서 정책을 논의하게 함으로써, 서로의 의견을 좁혀나가는 과정에서 최선의 안이 나오도록 했다.
- 자신(리더)의 부족함과 자신이 처한 문제점을 사실 그대로 밝히고 관료들의 의견을 구한 후 그 의견을 귀를 열고 경청했다.
- 관료들이 거리낌 없이 직언할 수 있도록 항상 소통의 경로를 열어놓았다.
- 스스로 결론을 짓지 않고, '나의 의견은 이런데 관료들의 생각은 어떤지'를 묻는 식으로 개방형 질문을 활용했다.
- 극단적인 이분법으로 접근하는 사람들을 경계하고 꾸짖었다.
- 토론의 의견이 정리되면 회의 참가자 중 한 사람에게 전적으로 권한을 일임했다.

일반적으로 조직에서 회의를 진행하는 모습을 살펴보면, 일부 참석자만이 활발하게 의견을 개진할 뿐, 대다수 참석자들은 '꿀 먹은 벙어리'처럼 앉아있는 경우가 많다. 이것은 여전히 대다수의 회의가 무거운 분위기 속에서 진행되고 있음을 의미한다. 세종의 회의 방법을 통해 알 수 있듯이, 그들의 입을 열고 다양한 의견이 오가게 하려면 리더가 먼저 귀를 열어 그 의견들을 경청할 준비가 되었음을 보여주어야 한다.

03
멀리 생각하지 않으면
반드시 가까운 근심이 생긴다

만일 리더에게 미래를 볼 수 있는 능력이 있다면 조직을 운영하는 데 큰 어려움을 느끼지 못할 것이다. 하지만 먼 미래는커녕 한 시간 뒤의 일조차 정확히 예측할 수 없는 것이 우리의 현실이다. 그런데 다행히도 경영학 분야에는 이러한 리더의 고민을 덜어주는 다양한 예측 기법들이 나와 있다. 특히 그중에서 눈에 띄는 것이 1960년대 후반 로열 더치 쉘Royal Dutch Shell(이하 쉘)이 시도한 시나리오 경영scenario management이다.

1950~1960년대는 전 세계 석유 기업들이 큰 호황을 누렸던 시기였다. 당시 메이저 석유 기업들은 앞으로도 이러한 분위기가 계속될 것이라는 편안함을 느끼고 있었다. 그런데 쉘은 이들과는 다르게 행동했다. 쉘의 기획실에서는 향후 유가 변동을 초래할 만한 경우의 수를 분석하고 각각의 경우에 따른 예상 시나리오를 구체적인 스토리로 작성했다. 이를 통해 경영자들이 그러한 변화들이 초래할 효과를 한눈에 들여다보고 사전에 대책을 세울 수 있도록 한 것이다. 특히 이들은 당시에 결성된 OPEC(석유수출국기구)의 움직임에 주목했다. 산유국들이 모여 결성한 OPEC이 결국에는 정치적인 판단을 할 것이라고 예측하고 그에 따른 다양한 시나리오를 작성한 것이다.

결과적으로 이들의 판단이 들어맞았다. 1973년에 발발한 중동전쟁에서 서방 세계들이 이스라엘을 지원하고 나서자, 이에 반감을 가진 중동 국가들이 OPEC을 통해 석유 공급 제한 조치를 취한 것이다. 이로 인해 한 순간에 석유 수급이 끊어지자 유가가 폭등하고, 석유 기업들이 줄지어 파산하는 운명을 맞았다. 하지만 쉘만은 이러한 위기에 흔들리지 않았다. 미리 작성해둔 시나리오에 따라 사전에 석유 공급처를 중동 외 지역으로 다양화해놓았고, 석유 비축량을 늘려놓았으며, 산유국과의 관계도 우호적으로 다져놓았기 때문이다. 그 결과 쉘은 7위에 불과했던 업계 순위를 단번에 2위까지 끌어올릴 수 있었다.

물론 시나리오 경영을 실행한다고 해서 미래를 완벽하게 예측할 수는 없다. 중요한 것은 조직의 리더가 항상 위기를 인식하고 이에 대한 대응책을 고민해야 한다는 것이다. 시나리오를 그려보는 작업은 생각처럼 어렵지 않다. 일단 머릿속에서 현재 상황을 기준으로 앞으로 어떤 변수들이 발생할 가능성이 있는지 상상해본다. 그리고 실제로 그러한 변수들이 발생했을 때 조직에 어떤 영향을 미칠지에 대한 가상 시나리오를 작성하고, 각각의 시나리오에 따른 대응책을 세워나가면 된다.

예를 들어 최근 화제가 되고 있는 '핀테크FinTech'의 발전이 경제에 어떤 영향을 미칠 것이며, 각 기업이 어떤 대응책을 마련해야 하는지에 대한 시나리오를 작성해보자. 참고로 핀테크란 '금융Financial'과 '기술Technology'의 합성어로 모바일을 통해 결제, 송금, 자산 관리 등이 이루어지는 IT 기반의 금융 기술을 의미한다. 이러한 기술을 활용하고 있는 대표적인 온라인 금융·결제 서비스 기업으로는 미국의 페이팔Paypal과 중국 알리바바Alibaba그룹의 자회사인 알리페이Alipay 등이 있다.

- **상황 :** 알리페이(알리페이에서 운영하는 온라인 결제 서비스)는 현재 카드 결제 기능뿐만 아니라 알리페이 계좌에 돈을 넣어놓으면 이자를 지급하는 수익 상품으로서의 기능까지 겸하고 있다. 따라서 많은 전문가들은 알리페이의 은행업 진출을 기

정사실로 생각하고 있다. 우리나라의 유통 업체들도 한국을 방문하는 중국 쇼핑객(요우커) 중 90%가 면세점에서 알리페이로 결제하고 있다는 사실을 인지하고 관련 시스템을 서둘러 구축하고 있다.

- **시나리오 1** : 향후 신용카드 결제 방식보다는 알리페이, 페이팔 등을 이용한 모바일 결제 방식이 일상화될 것이다. 이럴 경우 신용카드 업체나 은행 등은 심각한 정체성 혼돈에 빠질 수 있다. 알리페이, 페이팔, 카카오페이 등이 시장을 선점하기 위해 치열한 경쟁을 벌일 것이고, 정부에서도 이들 업체의 금융 업무 규제를 해결해 주는 방식으로 정책을 수정할 수 있다.

- **시나리오 2** : 위기감을 느낀 카드 업체나 은행 등이 적극적으로 규제를 해소하고 IT 기술을 보완한 후 자신들의 인프라를 활용해 시장을 지켜낼 것이다. 우리나라의 경우 세계 어느 나라보다도 신용카드 결제 시스템이 잘 구축되어 있으므로 새로운 IT 기술을 적극적으로 받아들이면 충분히 온라인 결제 업체들과의 경쟁이 가능할 것이다. 다만 이를 위해서는 IT 개발 인재들이 자발적으로 모여들 수 있도록 조직의 문화를 개방적으로 전환하는 등의 노력이 필요하다.

• **시나리오 3** : 완전히 새로운 형태의 경쟁자가 출현해서 업계의 판을 뒤엎을 가능성이 있다. 그러한 변수 중 하나가 바로 비트코인Bitcoin의 약진이다. 비트코인은 일종의 온라인 가상화폐로 발행주체가 없고, P2P 형태로 전 세계에 분산되어 관리되기 때문에 특정 개인이나 기업이 발행이나 거래를 주도할 수 없다는 특징이 있다. 또한 비트코인은 전 세계에서 동일한 기준으로 사용할 수 있으며, 수익을 내야 하는 주체가 없기 때문에 수수료가 매우 저렴하다. 만약 향후 비트코인이 공식적으로 화폐로 인정받고, 사람들이 편리하게 사용하는 행동 패턴이 정착된다면 결제 방식의 중심이 핀테크를 뛰어넘어 비트코인으로 이동할 수 있다.

이런 식으로 시나리오를 작성할 때에는 가급적 '최상의 시나리오'부터 '최악의 시나리오'까지를 다양하게 반영하는 것이 좋다. 특히 리더가 일을 추진할 때에는 항상 최악의 시나리오를 기반으로 사전에 대책을 세워놓는 것이 바람직하다. 최상의 시나리오를 염두에 두고 일을 진행했다가 상황이 최악으로 흐를 경우 심각한 혼돈에 빠질 수 있기 때문이다.

실제로 몇 해 전 일부 온라인 게임 업체들이 이러한 오류에 빠져 어려운 상황에 직면한 사례가 있었다. 당시 온라인 게임 분야에서 큰돈을 벌고 있다는 자만에 빠져 스마트폰 보급의 영향으로 모바일 게임의 입지가 넓어지고 있다는 상황을 심각하게 받아들이지 않은 것이다. 심지어 '우리도 모바일 게임을 개발해보자'는 구성원의 제안을 조직 내부에서 '월 수십억 원의 매출을 올리는 사업을 하고 있는 상황에서 월 1억 원 매출도 올리기 어려운 사업에 투자할 이유가 없다'는 말로 막아선 경우도 있었다. 하지만 채 3년도 지나기 전에 상황이 돌변했다. 온라인 게임 시장의 성장세는 주춤해진 반면, 월 100억 원의 매출을 올리는 모바일 게임뿐만 아니라, 중국에서는 하루 매출 150억 원을 올리는 모바일 게임까지 등장했다. 온라인 게임 업체들이 예측하지 못한 최악의 시나리오가 불과 몇 년 사이에 현실이 되어 버린 것이다.

리더가 조직의 미래를 대비하는 데 있어서 이러한 실수를 하지 않으려면 다음과 같은 공자의 말을 늘 마음에 새기고 있어야 할 것이다.

사람이 멀리 생각하지 않으면 반드시 가까운 근심이 생긴다.

파고 또 파다 보면
그것의 이치를 알 수 있다

    인간은 생각하는 동물이라고 한다. 그런데 사실 생각하는 것만큼 어려운 일도 없다. 보이는 것만 믿고, 경험해본 것만 신뢰하는 것 또한 사람이 가진 기본적인 속성이기 때문이다. 그래서 많은 리더들이 특정 현상과 마주했을 때 고정관념이나 과거의 경험에 의지해 판단하거나, 특별한 판단 기준이 없을 때에는 적당히 다수의 생각에 묻어가는 경향을 보이곤 한다. 하지만 리더의 사고가 여기에 머물러서는 곤란하다. 조직의 영속성을 고민하는 리더라면 생각하고 또 생각함으로써 현상 뒤에 가려진 본질까지 꿰뚫어 볼 줄 알아야 한다. 이것을 다른 말로 '통찰력通察力'이라고 한다.

물론 이러한 능력을 쉽게 얻을 수 있는 것은 아니다. 이것을 갖추려면 사물의 현상 이면에 가려진 자명한 답(문제 해결 방법)을 얻을 때까지 묻고 또 묻는 훈련을 부단히 지속해야 한다. 《대학》에서는 이것을 '격물치지格物致知'라고 했다. 주자는 대학을 해설하면서 격물치지의 의미를 이렇게 풀어주었다.

> 앎에 이르는 것이 사물(세상의 여러 가지 일들)의 이치를 궁구(窮究)히 함에 있다고 함은, 나의 앎을 이루려면 사물에 나가 그 이치를 궁구하는 데 있다는 말이다. 사람의 마음이 영특해서 앎이 있지 않음이 없으며, 천하의 사물에 이치가 없는 것이 없지만, 오직 이치가 깊게 연구하지 못한 곳에 있기 때문에, 그 앎이 다하지 못함이 있는 것이다.
>
> 《대학집주(大學集註)》

즉, 세상 모든 현상에는 다 그럴 만한 이치가 있기 때문에 파고 또 파다 보면 그것을 파악할 수 있지만, 그것을 알고자 하는 노력이 부족해서 모를 뿐이라는 의미다. 이 격물치지라는 고사성어에 딱 들어맞는 인물 중 한 명이 바로 현대그룹의 창업자 정주영 회장1915~2001이다. 흔히 정주영 회장 하면 불도저 같은 추진력을 연

상하지만, 다음과 같은 사례들을 보면 그에게 추진력 못지않은 통찰력이 있었음을 알 수 있다.

젊은 시절부터 자동차에 대한 열정이 대단했던 정 회장은 포드자동차와의 합작 형태로 현대자동차를 출범했다. 그런데 함께 자동차를 생산하는 과정에서 포드자동차가 기술 이전을 최소화하고, 자사가 이미 진출해 있는 해외 시장에 대해서는 현대자동차의 진출을 막는 등 지나친 지배욕을 드러냈다. 이러한 상황을 인지한 정 회장은 당시 현대자동차를 이끌던 동생 정세영 회장에게 이렇게 이야기했다고 한다.

"자동차를 독자적으로 생산해 수출하지 못한다면 언제까지나 후진형 산업 구조에서 벗어날 수 없다!"

그러고 나서 그는 포드자동차와의 합작 허가를 취소하고, 반드시 독자적으로 자동차를 생산해서 해외에 수출하겠다고 선언했다. 이렇게 해서 만들어진 것이 바로 현대자동차의 자체 모델 '포니PONY'였으며, 현대자동차는 실제로 포니를 생산해 해외에 수출하는 데 성공했다. 어려운 현실에서도 더 먼 미래를 내다본 정 회장의 통찰력이 결국에는 결실을 맺은 것이다.

1980년대, 현대건설이 서산 간척 사업에서 난항을 겪을 때에도 그의 통찰력이 발휘되었다. 당시 방조제 일부 구간에서 초속 8m에 달하는 조류로 인해 방조제를 쌓기 위해 집어넣은 큰 돌들이 모조리 쓸려 나가는 문제가 발생했다. 이때 정 회장이 '폐廢유조선을 가라앉혀서 물을 막아보자'는 제안을 했다. 결과적으로 이 제안이 주효해 문제가 해결되었고, 덕분에 공사 기간과 비용을 절감하는 효과까지 볼 수 있었다. 정 회장이 제안한 이 방식은 나중에 토목학 교과서에 '유조선공법'이라는 정식 명칭으로 실리기도 했다.

물론 정 회장이 이처럼 성공적인 결과들을 만들어낸 데에는 나름의 운도 따랐겠지만, 만일 그 이전에 그에게 현상을 통해 본질을 파악해내는 통찰력이 없었다면 그와 같은 운 또한 작용하지 않았을 것이다.

한편, 이러한 통찰력과 궁합을 이뤄 시너지를 만드는 요소가 하나 있다. 바로 '긍정적 사고'이다. 미국의 형제 경영학자인 칩 히스 Chip Heath와 댄 히스 Dan Heath가 공저한 책 《스위치》에 나오는 다음 일화를 보면 긍정적 사고가 문제 해결에 다다르는 훌륭한 길잡이가 된다는 사실을 알 수 있다.

1990년, 세이브 더 칠드런 Save the Children이라는 구호 단체의 일원인 제리 스터넌은 베트남 어린이들의 구호 활동을 위한 베트남 지부장으로 발령되어 현지에 파견되었다. 그런데 막상 현지에 도착한 스터넌은 사면초가 같은 현실에 직면했다. 그는 베트남어도 할 줄 몰랐을 뿐 아니라, 현지에서 그를 도와줄 인력도 턱없이 부족했고, 베트남 정부조차 그의 활동을 그리 우호적으로 바라보지 않았기 때문이다. 그럼에도 불구하고 그는 특유의 긍정적인 사고를 잃지 않았다. 그리고 그러한 사고를 통해 현상을 파악한 결과,

자신이 파견된 지역의 일부 아이들이 영양실조 증세를 보이지 않는다는 사실을 발견하고 그 원인을 찾아보았다. 그 결과 그는 다음과 같은 원인을 찾아낼 수 있었다.

- 영양실조에 걸린 아이들의 부모는 하루에 식사를 두 번 주는 반면, 건강한 아이들의 부모는 같은 양을 네 번에 나누어 먹였다.
- 건강한 아이들의 부모는 어른만 먹는 것으로 인식했던, 논에서 서식하는 새우와 게를 아이들에게도 먹이고 있었으며, 밥을 고구마 잎에 싸서 먹이고 있었다.

그는 즉시 이 방법을 파견 지역의 어린이들을 대상으로 6개월간 시행해보았다. 그 결과 무려 65%의 어린이들의 영양 상태가 개선되는 효과를 볼 수 있었다. 나중에는 이 방식이 베트남 전역에서 시행되어 현지 어린이들의 영양 상태를 크게 개선시킬 수 있었다.

리더가 '안 된다'고 생각하는 순간 조직의 앞길도 꼼짝없이 막히고 만다. 반면에 여기에 리더가 '왜'라는 글자를 붙여 '왜 안 돼?'라고 생각하면 이것이 문제 해결의 통로가 된다. 이러한 점을 생각해보았을 때, 어쩌면 긍정적 사고 없이는 통찰력 자체가 불가능할지도 모른다. 정주영 회장 역시 특유의 '왜 안 돼, 해봤어?' 정신이 없었다면 그러한 통찰력을 발휘할 수 없었을지 모른다.

미세한 한 수의 차이가
곧 신(神)의 한 수

    1972년에 입단한 이후 40년 가까이 단 한 번도 우승한 경험이 없어 '무관의 제왕'이라 불리던 프로 바둑 기사가 있었다. 바로 변화무쌍하고 감각적인 바둑을 둔다고 해서 손오공이라는 별명을 가진 서능욱 기사가 그 주인공이다. 그런 그가 입단 40년 만인 지난 2012년에 대주배大舟杯 프로 시니어 최강자 전에서 우승을 하더니, 2013년에는 대회 2연패를 이루는 쾌거를 이루어냈다. 한때 조훈현, 서봉수, 유창혁, 이창호 다음에 서능욱이라는 평을 들을 정도의 천재계보로 통했지만 오랜 기간 빛을 보지 못하다가, 속기로 두어야 한다는 대회 특성이 그의 강점과 맞아 떨어진 덕분에 그러한 성과를 이루어낸 것이다.

그는 한 인터뷰에서 그간 높은 승률을 유지했음에도 불구하고 항상 우승의 문턱에서 주저앉은 이유에 대해, 승부의 마지막 순간에 자신도 모르게 나오는 '덜컥 수', 즉 '실수'가 그런 결과를 만들었다고 회상했다. 한마디로 단 한 수의 차이를 넘지 못했다는 것이다. 그의 말처럼 프로바둑 세계에서는 단 한 수의 차이로 고수가 하수에게 무릎을 꿇는 일이 자주 일어난다.

그런데 이처럼 험난한 세계에서 15년 간 열 번의 데드 매치Dead Match를 벌여 '기성棋聖'이라는 최고의 칭호를 획득한 인물이 있었다. 바로 2014년 100세를 일기로 타계한 중국인 바둑 기사 우칭위완吳淸源으로, 그가 벌인 열 번의 데드 매치란 일본 최정상 기사들을 상대로 한 '치수 고치기 10번기'를 말한다. 여기서 치수 고치기 10번기란 상대와 열 번 대국하는 동안 4승 차이가 나면 경기를 중단하고 사실상 '한 수 아래'임을 인정하는 대국 방식을 말하는 것으로, 프로 기사가 이 대국에 응할 때에는 패배에 따른 엄청난 불명예를 감수해야만 했다.

결과적으로 우칭위안은 그와 맞선 대부분의 일본 기사들의 치수를 고쳐버렸다. 그중에는 일본 최다 타이틀 보유자인 사카다 9단도 포함되어 있었나. 그녀네 이 과성에서 우칭위안은 수자례에 걸쳐 일본 극우주의자들에게 살해 협박을 받았다고 하니, 그의 입장에서는 그야말로 '목숨을 건 승부Dead Match'를 벌였던 셈이다.

사실 이러한 바둑계뿐만 아니라 어떤 경쟁에서도 1등과 2등 사이의 격차는 그리 크지 않다. 결국 한 수, 즉 디테일detail의 차이가 1등에게는 명품 브랜드로서의 가치를, 2등에게는 사람들의 인식에서 사라지는 불명예를 안겨주게 된다. 세계적인 경영학자 톰 피터스Tom Peters는 그의 저서 《미래를 경영하라》를 통해 2등이 1등을 따라잡지 못하는 이유를 이렇게 설명했다.

- 잉여 사회에서는 비슷비슷한 기업들이 넘쳐나는데, 이들 기업은 비슷한 교육 배경과 아이디어를 가진 비슷한 사람들을 고용하고 가격과 품질이 비슷한 물건을 생산해낸다. … 성공하려면 평범한 짓거리를 그만 두어야 한다.

그러고 나서 그런 기업들에게 다음과 같이 독한 경고의 메시지를 보냈다.

- 승자가 모두 차지하는 세상에서 평범한 것은 곧 쓰레기다!

누구나 최고의 상품이나 서비스를 만들기 위해 최선의 노력을 기울인다. 하지만 거기에 영감 어린 한 수를 더하는 노력이 더해

져야만 명품이 되고 고객들의 열광적인 사랑을 받을 수 있다. 명품과 짝퉁은 기능상으로 큰 차이가 없다. 심지어 겉모양은 전문가들도 구분하기 힘들 정도로 똑같은 경우도 있다. 하지만 결국 그것에 정품 마크가 새겨져 있느냐 아니냐가 수십 배의 가격 차이를 만드는 것이다.

게임 업계에서도 이러한 사례를 많이 찾아볼 수 있다. 게임 분야에서는 저작권을 행사하는 경우가 그다지 많지 않기 때문에 하나의 게임이 시장에서 성공하면 너도나도 그와 유사한 게임을 만드는 일이 빈번하게 발생한다. 하지만 결과적으로 1등 게임과 유사 게임 간의 수익 차이는 크게는 100배 이상 벌어진다. 아무리 기능이 똑같아도 사용자가 느끼는 미묘한 재미의 차이가 있기 때문이다. 게임 업체에서 게임 하나를 개발할 때에는 최대 수십억 원에서 수백억 원이 들어간다. 그런데 거기에 기능적 차별화를 넘어서는, 특별한 '한 수'를 담지 못한다면 결국 톰 피터스의 말처럼 승자독식 사회에서 배출되는 또 하나의 쓰레기가 될 뿐이다.

한때 우리나라의 애니메이션 산업도 이 한 수의 고비를 넘어서지 못한 적이 있었다. 뛰어난 그림 품질에 걸맞은 콘텐츠를 담아내지 못해서 미국이나 일본 애니메이션 업체의 외주 업체라는 현실에서 벗어나지 못한 것이다. 그러다 뽀로로와 또봇 등 캐릭터가 살아 있는 애니메이션과 〈마당을 나온 암탉〉처럼 완성도 높은 고품격 애니메이션이 제작되면서 그러한 현실에서 벗어나 한 단계

도약하는 기회를 만들 수 있었다. 조금만 쫓아가면 잡을 것 같은 미세한 차이를 극복하는 데 무려 수십 년의 시간이 걸린 것이다.

어떤 경쟁이든, 아니 경쟁의 강도가 치열하면 치열할수록 결국 미세한 한 수의 차이가 곧 승패를 좌우하는 신의 한 수가 되는 법이다.

먼저 비워야만
비로소 채울 수 있다

    많은 리더들이 '바쁘다'는 말을 입에 달고 산다. 또한 일분일초의 시간도 아깝다는 듯이 일에 몰두하고, 머리를 쥐어짜가며 좋은 생각이나 아이디어를 얻기 위해 고민한다. 하지만 이렇게 의자에 앉아 머리를 쥐어짠다고 좋은 생각이나 아이디어가 나오지는 않는다. 이럴 때에는 오히려 머리를 비움으로써 생각이나 아이디어가 들어올 공간을 만들어 주어야 한다.

    고내 그리스의 철학사 아리스토텔레스Aristoteles, BC 384~322는 제자들과 숲속에서 산책을 하며 철학을 논하거나 토론하기를 즐겼다고 한다. 그는 평소에도 산책을 사색思索을 위한 최고의 방법으로 여겼다. 그래서 훗날 사람들은 그가 이끈 학파를 '주변을 거닐다'라는 의미의 '소요학파逍遙學派'라고 부르기도 했다. 비판철학의 창시자 임마누엘 칸트Immanuel Kant, 1724~1804 역시 '칸트의 산책'이라는 말을 남길 정도로 산책을 철학적 사색의 중요한 도구로 활용했다. 또한 18세기 프랑스의 천재적인 사상가 장 자크 루소Jean-Jacques Rousseau, 1712~1778는 그의 저서 《고독한 산책자의 몽상》을 통해 이런 표현을 남기기도 했다.

● 나는 걸어 다녀야만 명상을 할 수 있다. 걷기를 멈추면 생각도 함께 중단된다. 내 정신은 반드시 다리와 함께 움직인다.

뇌 과학을 연구하는 미국의 마커스 라이클Marcus Raichle 박사는 2001년에 뇌 영상 장비를 통해 사람이 아무런 인지 활동을 하지 않을 때 활성화되는 뇌의 특정 부위를 밝혀냈다. 그는 이 부위를 '디폴트 모드 네트워크Default mode network'라고 칭하고, 과학적 연구와 뇌 사진을 통해 사람의 자아성찰, 자전적 기억, 사회성과 감정의 처리 과정, 창의성 등을 담당하는 이 부위가 사람이 아무런 인지 활동을 하지 않을 때, 즉 편안히 휴식을 취하고 있을 때 활성화된다는 사실을 확인했다고 밝혔다.

서버를 24시간 내내 가동하는 온라인 서비스 업체에서 간혹 알 수 없는 오류 때문에 서버에 장애가 발생할 때가 있다. 이럴 때 가장 손쉬운 해결책은 서버를 껐다가 켜는 것이다. 실제로 이 단순한 방법으로 장애의 70%가량이 해결된다고 한다. 우리의 뇌도 마찬가지다. 혈관에 혈전이 쌓이면 혈액순환에 장애가 생기듯이 우리 머릿속에 생각 덩어리가 쌓이면 생각 회로의 효율성은 크게 떨어진다. 마치 여러 프로그램을 한꺼번에 가동시키면 컴퓨터의 성능이 크게 떨어지는 것과 비슷한 이치이다.
　리더에게는 사람이나 돈 문제 등이 끊이지 않는다. 이런 일들로 머리가 복잡할 때에는 오히려 생각을 잠시 꺼두는 게 좋다. 언젠가 한 다큐멘터리에서 어떤 경영자가 모래시계를 이용해 마음을 조절하는 장면을 보여준 적이 있다. 그는 화가 나거나 머리가 복잡할 때 모래시계를 뒤집어놓고 몇 분 동안 모래가 흘러내려오는 것을 멍하니 바라본다고 한다. 그러면 그 동안 화가 가라앉고 복잡했던 머릿속이 정리된다는 것이다. 결국 생각을 잠시 쉬어가는 것이 평정심과 창의력을 동시에 얻을 수 있는 방법이 된다는 의미다. 그 경영자는 이러한 경험을 한 뒤 기업의 임원들에게도 모래시계를 선물했다고 한다.
　이렇듯 가끔 뇌에 휴식을 주는 것은 창의적인 생각을 하는 데 큰 도움이 된다. 뉴턴은 사과나무를 멍하니 바라보다가 사과가 떨어지는 것을 보고 '만유인력의 법칙'을 발견했으며, 아르키메데스는 목욕탕에서 머리를 식히다가 '부력浮力의 원리'를 발견하고 '유레카!'를 외쳤다.

 리더의 생각은 조직을 이끄는 힘이자, 조직을 성장시키는 창조의 원천이다. 리더가 이처럼 가치 있는 생각, 즉 좋은 영감을 얻기 위해서는 주기적으로 생각을 비우는 시간을 가져야 한다. 날씨가 좋은 날에는 산책을 즐기고, 비나 눈이 오는 날에는 멍하니 창밖을 바라보는 시간을 가져도 좋다. 그것조차 귀찮다면 의자에 앉아 눈을 감고 조용히 명상을 즐기는 것도 좋은 방법이 될 수 있다. 중요한 것은 뇌에 휴식을 줌으로써 디폴트 모드 네트워크를 활성화시키는 데 있다. 또한 만일 조직 전체가 창의적인 집단으로 바뀌기 원한다면 구성원들에게도 과감하게 그러한 시간을 허용해 주는 결단이 필요하다.

열심히 하는 사람은
즐기는 사람만 못하다

많은 리더들이 '회사는 일하는 곳이지 재미를 추구하는 곳이 아니다'라는 점을 강조하곤 한다. 그러다 보니 규율을 강조하고 업무 몰입을 강요하는 상황이 계속 대물림되는 것이다. 심지어 구성원들의 마음을 다잡겠다는 목적으로 주간 업무 회의, 일일 업무 회의 등 회의의 주기를 줄이는 방식을 활용하기도 한다. 죄고 또 죄어서 몰입을 강요하겠다는 심사이다. 하지만 이러한 강요를 당하는 구성원들은 회사 가는 것이 도살장에 끌려가는 느낌이 들고,

일요일 밤마다 잠 못 이루는 스트레스를 받을 뿐이다.

그렇다면 다시 원점으로 돌아가 보자. 과연 회사는 재미를 추구하면 안 되는 공간일까? 이에 대해 인문학(철학) 연구 단체인 홍익학당을 운영하는 윤홍식 대표는 그의 저서 《내 안의 창조성을 깨우는 몰입》을 통해 '몰입=호감'이라는 조언을 들려준다. 즉, 일에 몰입했을 때 성과가 나오지만, 그 몰입이라는 것이 결국 일에 호감을 느껴야만 이루어진다는 의미다.

회사는 즐기는 공간이 아니라는 생각을 가진 리더에게 경각심을 일으키는 대표적인 기업이 있다. 바로 펀Fun 경영으로 유명한 사우스웨스트항공Southwest airlines이다. 1971년에 여객기 한 대로 시작한 이 기업은 창립자 허브 켈러허Herb Kelleher가 시행한 펀 경영 덕분에 보유 여객기 기준 세계 4위의 항공사로 성장했다. 켈러허는 구성원들이 먼저 행복감을 느껴야만 친절한 서비스의 실현이 가능하다고 믿었다. 이에 대해 그는 이렇게 말하기도 했다.

"고객이 우선이라는 말은 직원들을 배신하는 것이며, 회사에서 가장 중요한 것은 직원이고 고객은 그 다음이다."

그는 이러한 신념대로 회사를 구성원들이 재미있게 일할 수 있는 공간으로 만들었고, 구성원들은 '재미있는 기내 안내 방송'이나 '랩으로 설명해 주는 비행기 안전 수칙' 등의 창의적인 서비스를 만들어내는 것으로 이러한 신념에 화답했다. 지난 2013년에 EBS에서 방영된 특집 다큐멘터리 〈세상을 바꾼 리더십〉 제4부를 보면,

1994년에 사우스웨스트항공의 직원들이 돈을 모아 미국 일간지 〈USA 투데이〉에 다음과 같은 광고를 실었다는 이야기가 나온다.

> 허브, 감사합니다.
> 모든 직원들의 이름을 일일이 기억해 준 것에 대해,
> 추수감사절에 수화물 적재를 직접 도와 준 것에 대해,
> 모든 사람들에게 키스해 준 것에 대해,
> 우리가 하는 말에 관심 있게 귀 기울여 준 것에 대해,
> 유일하게 흑자를 내는 항공사를 경영해 준 것에 대해,
> 휴일 파티에서 노래를 불러 준 것에 대해,
> 직장에서 반바지와 운동화를 신게 해 준 것에 대해,
> 할리 데이비슨 오토바이를 타고 사우스웨스트 본사에 출근한 것에 대해,
> 보스Boss가 아니라 친구가 되어 준 것에 대해
> 경영자의 날을 맞아 1만 6,000명의 직원들이 진심으로 감사를 드립니다.

이 편지를 보면 근엄하게 어깨에 힘을 주고 규율을 강조하는 보스의 이미지가 이토록 친근하게 다가올 수도 있구나 하는 생각이 든다. 리더는 따르는 사람이 있을 때 비로소 존재의 의미가 생긴다. 거기에 슬겁게 따르는 마음이 없다면 이끄는 사람과 그저 '이

끌려가는 사람'이 존재할 뿐이다. 리더가 구성원들을 '물 먹기를 거부하는 소를 강가로 끌고 가듯' 이끌어서는 결코 창의적인 조직을 만들 수 없다. 즐겨야 창의성도 나오고 주인의식도 나오기 마련이다. 이에 대해 공자는 《논어》를 통해 다음과 같은 조언을 해주고 있다.

> 알기만 하는 사람은 좋아하는 사람만 못하고, 좋아하기만 하는 사람은 즐기는 사람만 못하다
>
> 《논어》 옹야(雍也) 편

시키는 일만 잘하는 사람들이 모인 조직이 창의적으로 발전하기를 기대하기는 쉽지 않다. 만일 리더가 조직을 창의력과 아이디어가 꿈틀대는 공간으로 만들고 싶다면 먼저 구성원들에게 '즐거움을 선물하라.'

판세를 들여다보는
훈수꾼의 지혜

    2015년 프로야구 판의 최고 화두는 '야구의 신' 김성근 감독의 귀환이었다. 그는 과거 SK 와이번즈의 감독으로서 팀을 여러 차례 우승시킨 전력이 있으며, 매년 하위권을 맴돌던 태평양 돌핀스, 쌍방울 레이더스, LG 트윈스 등을 맡아 상위권으로 도약시키기도 했다. 이처럼 팀을 맡기만 하면 최소 상위권을 만들어낸다고 해서 사람들이 붙여준 별명이 바로 '야신野神'이다. 그런데 2010년 〈문화일보〉 인터뷰 내용을 보면, 김성근 감독 역시 매순간 끊임없이 고뇌하는 리더의 한 사람임을 확인할 수 있다. 당시 그는 경기 중에 항상 명확한 선수 교체 시점 등이 보이느냐는 기자의 질문에 다음과 같이 대답했다.

"우리 팀이 경기가 안 된다 싶으면 감독인 저부터 뭔가 흥분하거나 욕심이 들어 있어요. 올 시즌 연패를 할 때에도 혼자 송도의 아파트까지 길면 두 시간 가까이 걸어가요. 이리저리 생각해요. 그 놈아가 왜 그렇게 했지? 저 놈아는 왜 그리 못해줬지? 나는 뭐했지. 거의 도착할 무렵 딱 결말이 나는 거야. 결론은 김성근이 네가 문제 아니냐. 맞다! 나다. 남에게 왜 기대고 남에게 왜 책임을 전가시키느냐. 집에 가 머리를 밀어버리고 잊어버렸어요. 이후 마음을 비우니 경기가 다시 선명하게 들어왔어요. 우리 팀이 다시 연승을 하게 되었지."

리더는 판을 들여다볼 줄 알아야 한다. 그런데 김성근 감독의 표현처럼 리더의 마음속에 '욕심'이 들어서면 시야가 흐려져서 판의 형세가 보이지 않게 된다. 김성근 리더십이 남다른 이유는 그가 때때로 흔들릴 수 있는 자신의 생각과 감정을 수시로 관찰함으로써 평정심을 되찾는 능력을 가졌기 때문이다.

사람들은 대부분 과거의 지식과 경험을 기반으로 생각하고 행동하는 경향이 있다. 문제는 상당수의 리더들이 이러한 자기경험의 함정에 빠져 올바르지 못한 판단을 내릴 때가 많다는 것이다. 하지만 리더는 자신의 내면에 있는 객관적인 통찰력을 바탕으로 사물事物의 옳고 그름을 직관적으로 판단할 수 있어야 한다. 소수의 리더만이 가지고 있는 이러한 능력을 다른 말로 '자기성찰지능'이라고 한다. 이에 대해 리더십 분야 권위자인 로버트 퀸Robert Quinn 박사는 리더가 이러한 객관적인 정신 상태에 이르는 것을 '리더십의 근원적 상태'라고 표현하고, 리더가 이러한 상태에 이르면 아주 어려운 난제도 잘 해결할 수 있다고 주장했다.

한편, 김성근 감독 본인은 이것을 '훈수꾼'이라는 말로 표현했다. 감독이 훈수꾼의 입장에서 경기를 지켜보면 특정 선수의 마음속에 욕심이 생겼음을 직관적으로 알게 되고, 그러한 판단을 토대로 선수를 교체하면 바로 승리로 이어지더라는 것이다.

세계적인 골프 코치 개리 길크라이스트Gary Gilchrist는 한때 골프 여제로 불렸던 청야니에게 퍼팅 방법을 지도할 때 '생각을 하지 말고, 보고look, 느끼고feel, 치는hit 세 단계에만 집중하라'고 조언했다고 한다. 그의 조언처럼 리더의 자기성찰 역시 마음을 비우고 상황을 있는 그대로 받아들이는 데에서 시작된다. 반면에 그 마음에 욕심이 들어서면 상황을 잘못 해석함으로써 결국 조직을 엉뚱한 방향으로 끌고 가는 결과를 초래할 수 있다.

꼬인 문제를 해결하는 결정적인 한 방

보통 리더 앞에 놓여 있는 문제는 엉킨 실타래처럼 잔뜩 꼬여 있는 경우가 많다. 이럴 때 단편적인 관점에서 문제를 해결하려다 보면 결국 다른 문제들까지 얽히고설켜서 문제가 더욱 복잡해질 수 있다. 따라서 이처럼 복잡하게 꼬여 있는 문제를 한 방에 해결하기 위해서는 일단 그 근본 원인이 무엇인지부터 진지하게 고민해보아야 한다. 그래야만 문제 해결의 우선순위, 즉 어느 쪽 실을 잡아당겨야 꼬인 실타래가 줄줄 풀려나갈지 알 수 있기 때문이다.

참고로 《대학》에서는 이러한 우선순위의 의미를 다음과 같이 설명하고 있다.

> 사물에는 근본과 말단이 있고(구조적 우선순위), 일에는 끝과 시작이 있으니(시간적 우선순위), 먼저 할 것과 뒤에 할 것(우선순위)을 알면 '도(道)'에 가까워진다. (物有本末 事有終始 知所先後 則近道矣)
>
> 《대학》(윤홍식 역)

고려 광종光宗, 925~975이 시행한 두 가지 제도인 '노비안검법奴婢按檢法'과 '과거제'의 면면을 들여다보면, 그가 복잡한 현실 문제를 위와 같은 방식으로 해결해냈다는 사실을 알 수 있다. 고려 4대 왕에 오른 광종은 건국 초기부터 왕권을 위협해온 호족 세력을 약화시키고 중앙집권 체제를 강화할 방법을 고민했다. 그런 고민 끝에 그는 '노비안검법'이라는 희대의 묘수를 찾아냈다. 노비안검법이란 원래 양인(일반인)의 신분이었으나 고려의 통일 전쟁 때 포로가 되어 노비가 된 사람들과, 빚을 갚지 못해서 노비가 된 사람, 또는 호족 가문에서 강제로 노비로 만든 사람들에게 양인 신분을 되돌려줌으로써 노비 신세를 면할 수 있도록 한 법이었다. 당연히 호족들의 반발이 뒤따랐지만, 억울하게 노비가 된 사람들의 신분을 찾아준다는 명분이 워낙 강한 탓에 이 제도의 실행까지 막아선 수는 없었다.

사실 광종이 노비안검법을 실시하게 된 배경에는 두 가지 노림수가 있었다. 하나는 본래 목적대로 호족이 보유한 노비와 사병 수를 줄여 그들의 세력을 약화시키는 것이었고, 다른 하나는 양인의 수를 늘려 세수를 확보하는 것이었다. 법 시행 후 그 노림수는 제대로 적중해서 국가의 세수는 늘어난 반면, 호족의 힘은 크게 떨어지는 일거양득의 효과를 얻을 수 있었다. 게다가 이 법으로 백성들의 높은 지지까지 확보할 수 있었으니 일석이조를 넘어 일석삼조의 효과를 본 셈이었다.

또한 광종은 호족의 세력을 약화시키는 또 하나의 안전장치로서 '과거제'를 시행했다. 과거제를 통해 유학에 능통하고 충성심 강한 관료를 확보하는 한편, 그때까지 추천 형태로 이루어졌던 호족 세력의 정계 진입을 일정 수준 차단할 수 있도록 한 것이다.

아무리 복잡한 문제라도 그 근본 원인만 찾아내면 의외의 묘수, 즉 모든 문제를 한 번에 해결할 수 있는 방법이 발견되는 경우가 많다. 위의 사례에서 광종이 '호족 세력'이라는 문제의 근본 원인을 그 권력의 기반이 되는 '노비와 사병'에서 찾고, '노비안검법'을 시행함으로써 일거양득의 효과를 얻은 것이 바로 그러한 경우에 해당한다. 반면에 리더가 당장 눈에 거슬리는 문제부터 해결하겠다고 메스를 들이대면 자칫 조직 내부에 깊은 갈등의 상처를 남길 수도 있다. 특히 리더는 그것이 구성원 간의 갈등이나 세력 다툼과 관련된 문제인 경우에는 더욱 신중을 기할 필요가 있다. 이럴 때에는 가능한 한 시간을 두고 양측의 의견을 충분히 들어본 후, 최대한 합리적으로 조정하는 방법을 고민해야 한다. 그렇지 않을 경우 자칫 핵심 인재의 이탈을 초래할 수 있으며, 나아가 리더의 신망마저 잃게 되는 상황이 발생할 수 있기 때문이다. 광종 역시 위와 같이 여러 좋은 제도를 통해 고려의 기틀을 마련했다는 평가를 듣기도 했지만, 재위 중반에는 평소 눈엣가시 같이 생각했던 호족 세력을 피의 숙청을 통해 진압했다가 '피의 군주'라는 오명을 뒤집어쓰기도 했다.

시간, 공간, 에너지를 지배한다는 것

　이순신 장군1545~1598은 세계 해전사海戰史에서 유례를 찾아볼 수 없는, '23전 23승'이라는 '불패의 신화'를 이룬 인물이다. 그중에서도 백미白眉는 역시 '명량대첩鳴梁大捷'일 것이다. 이백 척이 넘는 일본의 함대를 단 열세 척의 배로 상대해 승리를 거둔 이 영웅담은 영화로도 만들어져 우리나라 흥행 역사를 갈아치우는 결과를 만들어내기도 했다. 그런데 이순신 장군이 임진왜란壬辰倭亂과 정유재란丁酉再亂 당시에 벌인 전투를 살펴보면, 그가 수적 불리함

속에서도 우위를 점할 수 있는 과학적 분석법인 '란체스터 법칙 Lanchester's laws'의 원리를 그대로 적용했음을 알 수 있다.

영국왕립과학대학을 졸업한 과학자 프레드릭 란체스터 Frederick W. Lanchester, 1868~1946는 1,2차 대전 당시 공중에서 벌어진 전투를 분석한 결과, 전력상의 차이가 있는 양쪽의 공중 부대가 전투를 벌일 때 전력 차이의 제곱만큼의 격차가 벌어진다는 사실을 밝혀냈다. 예를 들어 아군의 전투기 다섯 대와 적군의 전투기 세 대가 전투를 벌이면 아군의 살아남는 전투기는 두 대가 아니라 전력상 차이의 제곱인 네 대라는 것이다. 이를 통해 그는 그룹 간의 전투에서는 뺄셈이 아니라 '제곱의 법칙'이 적용된다고 주장했다. 이러한 란체스터 법칙은 2차 대전 당시 연합군 전략 수립에 큰 영향을 미쳤을 뿐 아니라, 지금까지도 경영 전략 분야에 중요한 영향을 미치고 있다.

란체스터 법칙의 세 가지 핵심 요소는 '시간, 공간, 에너지'다. 이것은 동일한 시간에 동일한 장소에서 더 많은 에너지를 집중할수록 대승을 이룰 수 있다는 사실을 의미한다. 이순신 장군은 바로 이 세 가지 요소를 정확히 전투에 적용함으로써 연전연승을 거둘 수 있었던 것이다.

임진왜란이 발발해 처음 출정에 나섰을 때 이순신 장군이 보유한, 싸울 수 있는 배라고는 판옥선 28척(원균이 끌고 온 4척 포함)이 전부였다. 게다가 당시에는 아직 거북선도 완성되지 않은 상태였다. 이에 비해 일본의 전투함은 무려 수백 척에 이르렀다. 이처럼 전면전으로는 도저히 답을 찾을 수 없는 상황에서 이순신 장군이 선택한 전략이 바로 '각개전투 방식Divide and conquer (분할 정복법)'이었다. 일본군이 노략질을 하기 위해 우리나라 각 지역 포구에 흩어져 있다는 점을 이용해 포구들을 하나씩 급습해나간 것이다. 결국 이러한 전략을 통해 조선 수군은 소수의 전함으로도 수적 우위를 확보할 수 있었고, 여기에 포격 역량이 일본 전함보다 월등하다는 강점까지 더해져 아군의 피해는 거의 없이 일본 수군을 궤멸할 수 있었다.

물론 이순신 장군이 선택한 각개전투 전략으로 대규모의 적을 한 번에 무너뜨릴 수는 없다. 하지만 그보다 중요한 효과를 하나 얻을 수 있다. 바로 작은 승리를 반복함으로써 조직의 사기를 극대화할 수 있다는 것이다. 프로야구 경기에서 연패를 거듭하는 팀의 감독이 인터뷰를 통해 흔히 하는 이야기가 있다. 바로 "우리 팀이 이기는 방법을 잊은 것 같다. 일단 승리를 거두고 우리도 이길 수 있다는 자신감이 생기면 충분히 치고 올라갈 수 있다"는 말이다. 지는 조직은 지는 데 익숙해지고 조직 전체가 패배감에 빠져 활력을 잃는다. 반면 성공을 거듭하는 조직은 모든 조직원들이 '결코 지지 않는다'라는 자신감을 갖기 때문에 실수나 패배를 두려워하지 않는 강한 조직이 된다. 이순신 장군은 이러한 이기는 조직의 원리를 알고 있었던 것이다.

앞서 언급한 명량해전 역시 란체스터 법칙의 핵심을 그대로 따르고 있다. 원균의 모함으로 옥살이를 하다가 전선에 복귀한 이순신 장군에게 남은 배는 원균이 칠천량 해전에서 크게 패한 후 가까스로 끌고 돌아온 열세 척의 배가 전부였다. 이때는 어떻게든 전면전을 벌여야 했으므로 각개전투 전략을 쓸 수도 없었다. 이때 그가 선택한 전략이 울돌목이라는 좁은 물길을 이용하는 것이었다. 이곳은 물길이 너무 좁아 적군의 배가 아무리 많더라도 아군이 보유한 열세 척보다 많은 배를 한꺼번에 투입하기가 어렵다는 사실을 이용한 것이다. 그는 이곳에 적함보다 우월한 화력을 가진 열세 척의 배를 일렬로 배치해 싸움으로써 역사적인 대승을 이끌 수 있었다.

리더가 '시간, 공간, 에너지'라는 세 가지 요소를 명확히 파악하고 있다면 이미 전략의 50% 이상을 습득한 셈이다. 이것이 결국 모든 전략적 마인드의 핵심이 되기 때문이다. 반면에 리더가 이것도 하고 싶고, 저것도 욕심이 난다는 이유로 조직의 에너지를 여기 저기 분산시키는 것만큼 어리석은 일도 없다. 때가 아니라면 기다릴 줄도 알아야 한다. 이순신 장군이 이룬 신화는 결코 기적인 아닌, 때를 기다려 '동일 시간과 지역에 더 많은 에너지를 집중'함으로써 이뤄낸 전략의 승리였다.

황금 알을 얻자고
거위의 배를 가르지 마라

 옛날에 매일 황금 알을 하나씩 낳는 거위를 가진 농부가 있었다. 그런데 어느 날 농부는 황금 알을 한꺼번에 얻을 욕심으로 거위의 배를 가르고 말았다. 하지만 거위의 배 속에는 황금 알이 들어 있지 않았고 그 후로 농부는 황금 알을 하나도 얻지 못했다.
 이것은 우리가 잘 알고 있는 '황금 알을 낳는 거위'라는 우화의 주요 내용이다. 그런데 간혹 조직을 운영하는 리더들이 바로 이 농부와 같은 실수를 저지르는 경우가 있다. 그 대표적인 사례가 한때 인터넷 커뮤니티 사이트로서 인기를 끌었던 프리첼과 그 뒤에 등장한 싸이월드의 판단 오류이다.

현재 전 세계적으로 경영의 화두가 플랫폼에 쏠려 있다. 글로벌 기업들의 주가만 보더라도 기존에 주식 시장을 주도했던 제조 업체들의 인기는 시들해진 반면 글로벌 플랫폼 시장을 선도하고 있는 구글, 애플, 페이스북 등의 주가는 상승세를 이어가는 모습을 보이고 있다. 플랫폼의 개념을 한 마디로 정의하기는 어렵지만, 기본적으로 많은 사람이 주기적으로 찾아와서 무엇인가 필요한 가치를 얻어가는 가상 공간 정도로 생각해볼 수 있다. 프리첼과 싸이월드는 이러한 개념과 가치를 정확히 이해하지 못한 탓에 플랫폼이 될 수 있는 기반을 갖추고 있었음에도 불구하고 그 문턱에서 주저앉고 말았다.

2000년대 초반 프리첼은 네이버Naver와 다음Daum에 이어서 사람들이 가장 많이 방문하는 커뮤니티 사이트 중 하나였다. 그러다 2002년 하반기에 프리첼이 돌연 유료화를 선언했다. 그런데 프리첼의 갑작스러운 유료화 정책은 수많은 회원들의 반발을 샀고, 그로 인해 회원들이 다른 포털 사이트로 대거 이탈하는 현상을 초래했다. 그 후 프리첼은 계속 내리막길을 걷다가 결국 2013년 2월에 서비스를 종료하는 운명을 맞게 되었다.

당시 프리첼이 시도한 유료화 전략을 지금의 구글이나 페이스북의 전략과 비교해보면 이들이 얼마나 준비가 부족했는지를 통감할 수 있다. 구글이나 페이스북은 모든 서비스를 무료로 배포하다가 자신들이 거대 플랫폼으로서 정착되었다고 판단될 때부터 은근히 간접 유료화 모델을 갖다 붙이는 전략을 활용했다. 반면에 프리첼은 회원들이 사이트 내에서 안정적으로 정착하고 그곳에서 활동하는 것이 편안하다고 느껴질 때까지 느긋이 기다리지 못하고 섣부른 유료화를 시도하다 실패를 자초한 것이다.

이러한 프리첼의 악재를 기회로 회원들을 대거 유입함으로써 성공의 발판을 마련한 것이 바로 싸이월드이다. 당시 싸이월드는 개인이 손쉽게 자신의 홈페이지를 만들 수 있도록 특화된 '미니홈피'라는 공간을 제공하는 전략을 구사함으로써 폭발적인 인기를 얻었다. 여기에 '일촌'이라는 개념을 내세워 커뮤니티 내의 인맥 쌓기 열풍을 일으켰다. 또한 당시 빠르게 보편화되기 시작하던 디지털 카메라의 영향으로 회원들이 커뮤니티 내 사진 공유에 관심을 갖게 된 것도 싸이월드의 성공을 뒷받침해 주었다. 싸이월드의 회원들은 미니홈피를 꾸미는 데 필요한, 일종의 사이버머니인 '도토리'를 사기 위해 기꺼이 지갑을 열었고, 싸이월드는 이런 회원들을 위해 OK캐쉬백 포인트를 효과적으로 활용할 수 있도록 배려했다. 이러한 회원들과의 상호작용을 통해 싸이월드는 그 후 몇 년 간 성장을 이어갈 수 있었다.

하지만 어느 순간부터 싸이월드의 미니홈피 방문자 수가 줄어들기 시작했다. 미니홈피를 꾸미려면 '도토리'를 구매해야 하고,

다른 사람의 미니홈피에 방문하면 댓글을 남겨야 하는 일종의 의무감에 회원들이 피로감을 느끼기 시작한 것이다. 이러한 시점을 놓치지 않고 정확히 치고 들어온 것이 바로 '페이스북'이다. 페이스북의 회원들은 다른 사람의 글을 보고 댓글을 남겨야 한다는 부담감을 느낄 필요가 없었다. 글이 마음에 들면 단지 '좋아요' 버튼을 누르면 그만이었다. 반면에 '싫어요' 버튼은 없기 때문에, 설사 마음에 들지 않더라도 특별한 의사 표현을 할 필요가 없었다. 이와 관련해 최근 페이스북의 CEO 마크 주커버그Mark Elliot Zuckerberg는 앞으로도 페이스북 내에 '싫어요' 버튼을 만들 생각이 없다고 밝혔다. 지금까지와 마찬가지로 사용자들 간의 긍정적인 소통에만 집중하겠다는 의도였다. 또한 앞서 언급했듯이 페이스북은 유료화 전략에 있어서도 프리첼과 같은 직접적인 방식이 아닌, 간접 광고를 통해 수익을 창출하는 모델을 적용함으로써 회원들의 반발을 피해갈 수 있었다.

고전적인 마케팅 기법들의 효과가 점점 줄어들고 있는 상황을 생각해보면 앞으로 많은 경영자들이 플랫폼 사업을 '황금 알을 낳는 거위'라고 생각할 것이다. 활용 여부에 따라 자사 제품에 열광하는 충성 회원들을 손쉽게 끌어모을 수 있을 뿐만 아니라, 회원들의 자발적인 활동을 통해 밤낮 없이 수익을 창출할 수 있기 때문이다. 다만 플랫폼 사업을 투입 대비 성과를 강조하거나 단기적인 수익 창출을 중시하는 선통적인 제조업 방식으로 접근해서는 모든 기대가 물거품이 될 수 있다. 황금 알을 한꺼번에 얻기 위해 거위의 배를 가른 농부의 성급함을 버려야 한다는 의미다. 최근 일부 대기업들이 오프라인에서 구축한 인지도를 기반으로 플랫폼 사업에 진출했다가, 연 단위로 성과를 평가하는 습성을 버리지 못해 결국 장기적인 사업 안착에 실패하고 마는 경우가 바로 이러한 사례에 해당한다.

또 한 가지, 플랫폼이 무조건 커야 한다거나 반드시 온라인상에 존재해야 한다는 선입견도 버릴 필요가 있다. 현실이든 가상 공간이든 고객이 신뢰를 기반으로 습관적으로 방문할 수 있는 특정 공간이 있다면, 그곳이 바로 '플랫폼'이기 때문이다.

12
마음의 찜찜함을 남기면 반드시 큰 우환이 따른다

　경영 현장은 살얼음판의 연속이다. 특히 조직 내부에서는 리더에게 위험 신호를 보내는 작은 균열들이 수시로 발생하곤 한다. 만일 리더가 이러한 신호들을 무시하고 넘어가는 경우 그것이 조직 전체를 뒤흔드는 큰 문제로 번질 수도 있다. 지난 2014년 4월에 발생해 온 국민을 비탄에 잠기게 한 세월호 사건 역시 작은 문제들이 쌓여서 만든 결과였다. 법 규정이 바뀌어 안전 점검과 안전 훈련이 약화되고, 과석 위험성을 경고하는 현장의 목소리를 계속 무시했으며, 사건이 벌어진 뒤에도 골든 타임을 놓치는 등 작은 문제들이 쌓이고 쌓여서 결국 엄청난 참사를 빚고 만 것이다.

이와 관련해 허버트 윌리엄 하인리히Herbert William Heinrich는 이러한 작은 문제들이 반복되면 결국 큰 사고로 이어질 수 있음을 경고하는 '하인리히의 법칙Heinrich's Law'을 내놓았다. 1931년, 하인리히는 미국의 트래블러스보험회사The Travelers Companies의 손실 관리 부서에서 수많은 사고 현황을 분석해보다가 하나의 일관된 법칙을 발견했다. 산업 재해로 인해 1명의 중상자가 나온 경우, 그 이전에 이미 같은 원인의 재해로 29명이 경상을 입고, 300명이 부상을 당할 뻔했다는 기록이 있었던 것이다. 이것을 반대로 생각해보면, 예를 들어 1년에 300명 이상이 교통사고 위험을 경험하고, 29명 정도의 경상자가 발생하는 위험한 도로가 있다면, 1년 내에 1명 이상의 중상자가 발생할 가능성이 크다는 의미가 된다. 이후 하인리히가 주장한 이 법칙은 대부분의 사고에서도 거의 정확히 맞아 떨어진다는 사실이 입증됨에 따라 지금까지도 재해 예방을 위한 효과적인 방법으로 활용되고 있다.

한편, 이 법칙은 경영 조직의 위험을 관리하는 데에도 적용해볼 수 있다. 예를 들어 조직의 특정 현장에서 하루에도 몇 번씩 자금과 관련한 작은 사고가 일어난다고 가정해보자. 이때 조직의 리더가 손실액이 미미하다는 이유로 그 문제를 무시하고 넘어갈 경우, 나중에는 대형 횡령 사고 등으로 이어질 가능성이 커진다는 것이다. 리더가 이러한 우를 범하지 않으려면 하인리히 법칙이 말해주는 다음과 같은 경고의 메시지를 새겨들을 필요가 있다.

● 큰일(사고)은 우연히 발생하는 것이 아니라, 그 전에 반드시 경각심을 일으키는 전조 증상이 나타나지만, 그것을 무시하고 넘어갈 뿐이다.

이처럼 리더는 '이 정도는 괜찮을 것 같은' 문제 하나가 결국 그 조직을 걷잡을 수 없는 위험 속으로 몰고 갈 수 있다는 경계심을 잃지 않아야 한다.

한편, 조직 내에서 발생한 작은 문제가 해결되지 못하고 찜찜함으로 남는 상황은 주로 해당 문제에 대한 정보가 부족하거나, 입체적인 상황 파악이 안 되거나, 정확한 대안이 없을 때 발생하며, 때로는 리더가 자신의 과욕으로 인해 문제의 심각성을 제대로 인지하지 못하는 경우에 나타나기도 한다. 이와 관련해 홍익학당의 윤홍식 대표는 우리 양심에는 매순간 자명함과 찜찜함을 정확하게 판단하는 힘이 있는데, 양심에서 뭔가 옳지 않다고 판단될 때가 바로 이러한 찜찜함이 남는 경우라고 이야기한다. 이 말은 결국 리더의 마음속에 뭔가 찜찜하게 느껴지는 문제가 있다면, 그것을 가볍게 생각하지 말고 여러 정보와 다각도의 상황 파악을 통해서 반드시 지명히게 해결하고 넘어가야 한다는 사실을 의미한다.

도천지장법(道天地將法)으로 경쟁의 판세를 읽다

손자는 《손자병법》을 통해 다음 다섯 가지 기준에 따라 조직의 경쟁력을 판단해보면 전쟁의 결과를 세밀하게 예측할 수 있다고 이야기했다.

전쟁은 나라의 중대한 일로 국민의 생사와 존망이 달린 것이니 깊이 통찰을 해야 한다. 그러므로 전쟁 전에 다섯 가지 요건으로 헤아리고 계산하며 비교하여 그 상황을 판단한다. 다섯 가지 요건은 도(道), 천(天, 시간), 지(地, 공간), 장(將, 장수), 법(法)이다.

《손자병법》

그런데 손자가 제시한 다섯 가지 요건을 다음과 같이 현대적 의미로 해석해보면 오늘날 조직 간의 경쟁 역시 이 틀에서 크게 벗어나지 않는다는 사실을 알 수 있다. 먼저 도道는 사명Mission, 비전, 추구하는 길, 방향, 전략 등에 해당한다. 즉, 리더가 어떤 사명과 가치를 가지고 조직을 이끌 것인지를 의미한다. 천天과 지地는 언제 어떤 분야에서 경쟁할 것인지를 의미하며, 장將은 어떤 인재를 기용하고 이들을 통해 어떻게 조직 역량을 높일 것인지를 의미한다. 법法은 어떠한 방식과 제도, 시스템으로 조직을 관리할 것인지를 의미한다.

히딩크Guus Hiddink 감독은 우리에게 2002년 월드컵 4강 신화라는 이미지로 기억되는 인물이다. 그런데 히딩크 감독이 당시에 월드컵을 준비한 과정을 들여다보면, 그가 바로 이 다섯 가지 원칙을 철저히 따랐음을 알 수 있다.

- 道 : 일관된 방향성과 신뢰를 추구했다. 심지어 월드컵 전에 치룬 몇 차례 평가전에서 대패함으로써 '오대영'이라는 치욕석인 별명을 얻었음에도 불구하고 소신껏 팀을 일관된 전략

방향으로 이끌었다.

- **天, 地**: 평가전 결과에 상관없이 선수들의 체력과 전술적 완성도의 정점을 철저히 월드컵이라는 시간과 공간에 맞추었다.
- **將**: 기존의 유명세나 외압 등에 휘둘리지 않고, 철저히 실전에서 최고의 성과를 발휘해야 한다는 공정한 잣대를 기준으로 선수들을 선발했다.
- **法**: 분석 전문가를 활용하는 데이터 축구를 도입했고, 선수 선발 및 관리 등의 영역에서 세계 수준에 견줄 만한 체계적인 시스템을 도입했다.

리더가 조직에 '도천지장법道天地將法'의 기준을 적용할 때에는 무엇보다 '객관성'을 유지하는 것이 중요하다. 히딩크 감독이 그랬듯이, 현재 조직이 가지고 있는 역량을 냉철하게 판단해야만 강점의 극대화나 약점의 보완 등이 가능하기 때문이다. 그런 다음 조직이 실제로 경쟁에 뛰어들었을 때 어떤 판세를 이룰지를 판단해보아야 한다. 이와 관련해《손자병법》에는 다음과 같이 전쟁의 형세를 판단하는 일곱 가지 비교 기준이 제시되어 있다.

왕은 누가 더 도가 있는가? 장수는 누가 더 유능한가? 시간과 공간(天, 地)은 누구에게 더 유리한가? 법률과 정책은 누가 더 잘 운영하는가? 조직은 누가 더 강한가? 군사는 누가 더 훈련이 잘 되어 있는가? 상벌은 누가 더 분명한가? 나는 이것으로 승부를 알 수 있다.

《손자병법》

이와 같이 나의 경쟁력과 경쟁 우위 요소를 분석해보면, 궁극적으로 《손자병법》에서 말하는 다음과 같은 결론에 이를 수 있다.

지피지기 백전불태 (知彼知己 百戰不殆)

흔히 알고 있듯이 '적을 알고 나를 알면 백 번 싸워도 위태로움이 없다'는 뜻이다. 이 말처럼 적을 알고 나를 안다고 모든 경쟁에서 승리하는 것은 아니지만, 최소한 조직이 위태로운 상황에 빠지는 것은 막을 수 있다. 따라서 리더는 현재의 경쟁력으로 도저히 승산이 없다고 판단될 때에는 과감히 경쟁에서 물러서는 용기도 발휘할 줄 알아야 한다. 또한 반대로 승산이 있다고 판단되면 조직의 모든 에너지를 쏟아 붓겠다는 각오로 망설임 없이 경쟁에 뛰어들어야 한다. 때를 놓치거나 에너지를 아낄수록 불필요한 피해만 커질 뿐이다. 이것이 바로 리더가 항상 '도천지장법'을 통해 자신의 조직과 경쟁자를 냉철하게 분석해야 하는 이유이다.

14 답을 구하려면 질책이 아니라 질문을 던져라

'주인의식을 갖고 일하라.'

이것은 조직의 리더들이 가장 줄기차게 강조하는 말 중 하나이다. 지당한 말씀이다. 하지만 평소에 소통도 안 되고 상명하복 체계가 굳어진 조직에서 일하며 '나는 월급 받고 일하는 직원일 뿐'이라고 생각하던 사람들에게 이 말은 그저 공허하게 다가올 뿐이다. 빌 게이츠Bill Gates는 그런 리더들에게 그의 저서 《빌 게이츠 @ 생각의 속도》를 통해 다음과 같은 조언을 들려주고 있다.

● 직원들에게 힘을 부여해 주어야 한다는 확신을 가지는 것이야말로 디지털 신경망을 최대로 이용할 수 있는 비결이며, 중앙에서 모든 행동을 관리하고 지시하려는 기업은 결코 빠르게 변하고 있는 새로운 경제 체제의 속도를 따라갈 수 없을 것이다.

리더가 이러한 인식에 동의한다면 성과에 대한 욕심을 내려놓고 먼저 구성원들의 능동성을 회복할 방법부터 고민해야 한다. 돈을 벌려면 돈을 쫓는 게 아니라 가치 있는 제품을 만들어 돈이 쫓아오도록 해야 하듯이, 구성원들의 능동성이 살아나면 성과는 자연스럽게 따라붙기 마련이다. 그럼 과연 어떻게 구성원들의 능동성을 회복시킬 것인가 하는 문제가 남는데, 이때 가장 적절하게 활용할 수 있는 방법 중에 하나가 바로 '코칭Coaching'이다. 일본 코칭협회 고문인 에노모토 히데타케는 그의 저서 《마법의 코칭》을 통해 코칭의 본질을 다음과 같이 풀어주고 있다.

● 사람은 누구나 모든 문제를 풀 수 있는 무한한 가능성을 가지고 있는데, 그것을 질문을 통해 끌어내는 것

즉, 리더가 질문을 통해 구성원들 스스로 다양한 관점에서 문제에 대한 해결책을 고민해보게 하고, 이를 통해 해답을 찾을 수 있도록 하는 것이 바로 코칭의 핵심이다. 사실 이미 경영 현상에 코

칭이 보급된 지 오래 되다 보니 대부분의 리더가 코칭의 핵심이 질문에 있다는 사실 정도는 인식하고 있다. 다만 여전히 구체적으로 어떤 질문을 던져야 하는지에 대해서는 어려움을 겪고 있는 듯하다. 또한 이것이 많은 조직에서 코칭의 효과를 제대로 얻지 못하는 이유이기도 하다. 이에 대한 해결책은 앞서 언급했던 공자의 말에서 찾아볼 수 있다.

내가 아는 것이 있겠는가? 아는 것이 없다. 그러나 어떤 사람이 나에게 물으면 마음을 텅텅 빈 것 같게 하고, 나는 그 두 끝을 두들기는 것을 다할 뿐이다.

《논어》 자한 편

여기서 '마음을 텅텅 빈 것 같게 한다'는 말은 리더가 특정 현상이나 문제에 대해 '내가 안다'는 생각을 내려놓고 부하의 말에 귀를 기울이라는 의미로 해석할 수 있다. 또한 '그 두 끝을 두들기는 것을 다할 뿐이다'라는 표현은 정반합正反合의 변증법처럼 모든 사물에는 상대적인 측면이 있으므로 그중에서 현실에 가장 적합한 것을 고르는 노력을 다한다는 것을 의미한다. 예를 들어 A 안을 제시하는 구성원에게는 'B 안은 생각해보았는지' 물어보고, 반대로 B 안을 제시하는 구성원에게는 'A 안은 생각해보았는지' 물어보는 방식을 말한다.

한편, 이러한 리더의 개방형 질문은 구성원들의 의식을 전환하는 데에도 큰 도움이 된다. 사람의 의식은 현재의식과 잠재의식으로 구분되는데, 이러한 질문을 통해 구성원들의 잠재의식 속에 머물러 있는 해답을 끌어낼 수 있기 때문이다. 반면에 리더가 고정관념에 이끌려 구성원의 제안에 면박을 주거나, 극단적인 반대 의사를 나타낼 경우 그 구성원은 말초적인 현재의식에서 벗어나지 못한다. 한마디로 위에서 시키는 대로만 일하는 사람이 되는 것이다.

물론 이에 대해 리더가 조직을 엄격하게 관리함에도 불구하고 구성원들이 열성적으로 따르는 경우도 있지 않느냐고 반문할 수 있다. 이 또한 당연히 가능하다. 다만 코칭의 본질과 마찬가지로, 그러한 리더의 엄격함 속에는 '나는 너를 성장시키고 싶다'라는 메시지가 분명하게 담겨 있어야 한다. 즉, 구성원들의 성장은 관리 방식보다는 리더의 태도에 달려 있다는 의미다.

또한 코칭 방식을 절대적으로 질문에 의존할 필요도 없다. 이에 대해 미국의 경영 컨설턴트인 맥스 랜Max Landsberg은 그의 저서 《코칭경영의 道》를 통해 구성원의 열의와 기술 수준을 고려해서 코칭 방법을 달리해야 한다고 주장했다. 즉, 열의와 기술이 모두 뛰어난 구성원에게는 질문과 위임 방식을, 열의에 비해 기술이 부족한 구성원에게는 지도하는 방식을, 열의와 기술이 모두 부족한 구성원에게는 지시하는 방식을, 기술에 비해 열의가 부족한 구성원에게는 격려하는 방식을 활용하는 게 바람직하다는 것이다.

마지막으로 리더는 코칭을 통해 단기간에 효과를 얻으려는 조급함을 버려야 한다. 조직에 지금까지와는 다른 시스템이 적용되었을 때 그것을 바로 따라오는 구성원은 흔치 않다. 낯설기도 하고 리더가 그 시스템을 계속 유지할지도 알 수 없기 때문이다. 하지만 거기에 리더의 꾸준한 믿음과 지지가 배합되면 구성원들의 마음도 자연스럽게 움직이기 마련이다.

15

세상에 가치 있는 것을
상상하고 또 상상하라

    리더가 구성원들에게 무언가를 지시할 때에는 항상 자신이 원하는 결과물에 대한 이미지가 머릿속에 선명하게 그려져 있어야 한다. 그렇지 않고 리더가 '어떻게든 되겠지' 하는 막연한 생각으로 지시를 남발하면, 그 조직은 계속해서 '이 산이 아니가 보다'를 외치며 목적지를 잃고 헤맬 수밖에 없다. 게다가 그에 따른 시간과 에너지의 낭비도 무시할 수 없다.

    역사적으로 보면 세종이 바로 전사, 즉 일단 자신의 머릿속에 걸과물에 대한 선명한 이미지를 그려놓고 실무자들에게 그것을 구체화하도록 위임하는 지도자에 해당했다. 훈민정음, 측우기, 앙구일부(해시계), 자격루(물시계) 등 그 시대에 만들어진 뛰어난 창조물들이 대부분 그런 식으로 만들어졌다. 이러한 사실은 세종이 자격루를 만든 공로로 장영실에게 관직을 하사하면서 했다는 다음 말을 통해서도 확인할 수 있다.

> 이제 자격궁루(自擊宮漏)를 만들었다. 비록 나의 가르침을 받아서 한 것이지만, 만약 이 사람이 아니었더라면 암만 해도 만들어내지 못했을 것이다.
>
> 《세종실록》 61권, 1433년 9월 16일(을미)

여기서 '비록 나의 가르침을 받아서 한 것이지만'이라는 표현이 바로 위와 같은 사실을 뒷받침해 주고 있다. 또한 다른 여러 자료를 통해서도 세종이 신하들과 대화를 나누면서 이와 유사한 표현을 자주 사용했음을 확인할 수 있다.

리더가 조직의 성장을 위해 뛰어난 인재를 많이 확보하는 것은 당연히 좋은 일이다. 하지만 그것만으로 좋은 결과를 얻을 수 있다고 생각해서는 곤란하다. 그 좋은 인재들과 사업을 멋지게 꾸려나가기 위해서는 항상 리더의 머릿속에 거대한 상상의 그림이 그려져 있어야 한다. 그래야만 때로는 위임을 통해, 그게 어렵다면 리더 스스로 뚝심 있게 일을 추진해나감으로써 원하는 결과를 얻을 수 있다. 세종 역시 훈민정음 창제의 뜻을 밝혔을 때 신하들의 거센 반대에 부딪쳤지만, 그보다는 백성들에게 가는 편익이 더 중요하다는 판단으로 오랜 기간 마치 비밀 프로젝트를 진행하듯 훈민정음 창제 사업을 직접 진두지휘하기도 했다.

머릿속에 그린 상상을 현실로 만들어내는 능력에 있어서 빼놓을 수 없는 인물이 바로 미국의 전기 자동차 기업 테슬라TESLA의 CEO 엘런 머스크Elon Musk이다. 현재 그는 테슬라 외에도 스페이스XSpaceX라는 우주로켓 기업과 솔라시티SolarCity라는 태양광 에너지 기업을 동시에 이끌고 있는데, 일단 이 기업들을 일으킨 목적 자체가 그의 다음과 같은 상상에서 비롯되었다.

'자원고갈과 환경오염으로 지구가 위기에 처했을 때 인류를 화성으로 이주시킬 로켓을 만들겠다.'

결국 그가 스페이스X에서 만드는 우주로켓은 그가 상상하는 '인류의 화성 이주'를 실현하기 위한 도구인 셈이고, 테슬라에서 만드는 전기 자동차와 솔라시티에서 생산하는 태양광 에너지는 지구의 생명을 연장하기 위한 보조적인 수단인 셈이다. 그는 이러한 상상을 실현하기 위해 페이팔Paypal을 매각하고 나서 받은 1억 6,500만 달러의 돈을 모두 쏟아 부었다고 한다. 그런데 그의 상상력이 남다른 이유가 또 하나 있다. 바로 그 상상 속에 세상이 필요로 하는 가치를 담았다는 점이다. 그는 다음과 같이 세상 사람들이 필요로 하는 가치를 제품에 담으면 돈은 자연스럽게 따라온다고 생각했다.

● (나는 항상) 사람들이 소중히 생각하는 가치가 무엇인지를 깊이 생각해본다. 그러한 가치를 눈에 보이는 형태로 만들면 사람들은 기꺼이 돈을 지불한다. 나는 돈이라는 것이 늘 사회가 필요로 하는 방향으로 흐른다고 생각한다.

어떤 사람도 미래를 완벽히 예측할 수는 없다. 하지만 그럼에도 불구하고 리더는 조직의 이상적인 발전을 위한 상상의 그림을 끊임없이 그려나가야 한다. 또한 엘런 머스크의 말처럼, 그리고 세종이 그랬듯이 그러한 상상에는 단기적인 수익을 넘어서는 가치가 포함되어 있어야 한다.

德
/
덕
Virtue

하늘은 덕을 돕고
사람은 그 덕을 따른다

　　그리스의 철학자 플라톤Plato, BC 427~347은 스승 소크라테스가 신성모독과 젊은이들을 현혹한다는 명목으로 다수多數의 힘에 밀려 희생되는 상황을 지켜본 후 '철학자가 왕이 되어야 한다哲人政治'는 평생의 꿈을 갖게 되었다고 한다. 그런데 중국에서는 실제로 4,500여 년 전 플라톤이 꿈꾼 것처럼 왕의 혈통이 아닌 가장 현명한 사람에게 왕위를 물려주는 전통을 세운 적이 있었다. 바로 중국 역사상 가장 이상적인 군주로 일컬어지는 요임금과 순임금을 거쳐 우임금으로 이어지는 시기를 말한다. 훗날 사람들은 당시에 유교에서 말하는 이상사회가 만들어졌다고 하여, '대동사회大同社會'라고 부르기도 했다.

그런데 우임금에 이르러 이러한 전통이 끊어졌다. 우임금이 하夏나라를 세운 뒤 '성인의 후예에게 왕권을 물려주겠다'는 명분을 내세워 아들에게 왕위를 넘겼기 때문이다. 하지만 이러한 명분은 열일곱 번째로 왕위에 오른 걸桀임금이 폭군의 길을 걸음으로써 의미가 퇴색되고 말았다. 걸임금은 웅장한 궁전을 짓고 천하의 희귀한 보화를 모았으며, 궁전 뒤뜰에 술로 가득 채운 연못을 만들어 미녀들과 함께 배를 띄우고 놀았다. 또한 장야궁長夜宮을 지어서 애첩 말희妺喜와 엽기적인 성 행각을 벌이기도 했다. 한마디로 그의 행동 어디에서도 성인의 후예다운 면모는 찾아볼 수 없었다. 훗날 사람들은 걸임금을 주지육림에 빠져 폭정을 일삼았던 은殷나라 주왕紂王과 함께 중국 역사상 가장 대표적인 폭군으로 평가했다.

한편, 당시 하나라의 속국이었던 상商나라 부족에서 성군聖君의 정치를 펼치고 있던 탕임금은 걸임금의 폭정으로 백성들의 고통이 극에 달하자, 이를 보다 못해 신하 이윤과 함께 군사를 일으켜 하나라를 멸망시키기로 결심한다. 오랜 준비 끝에 탕임금이 주변 세력을 제압하고 하나라를 공격했을 때 걸임금의 병사들은 제대로 싸우지도 못하고 흩어졌으며, 걸임금은 추방되어 굶어 죽었다고 전해지고 있다.

이렇게 하나라를 평정한 탕임금은 세숫대야에 이런 문구를 새겨두고 날마다 스스로 경계하는 마음을 잃지 않았다고 한다.

> 진실로 하루를 새롭게 하며, 하루하루를 새롭게 하고 또 하루를 새롭게 하라! (苟日新 日日新 又日新)

《대학(大學)》

우리가 익히 알고 있는 '일신우일신日新又日新'이라는 고사성어가 바로 이 글에서 비롯되었다. 이 글에는 이미 천하를 가졌지만 과거의 함정에 빠지지 않고 늘 마음을 새롭게 하려는, 탕임금의 성군으로서의 면모가 여실히 드러나 있다. 탕임금은 이러한 마음으로 나라를 경영함으로써 다시 한 번 요순시대에 필적하는 태평성세를 이루어낼 수 있었다.

우리 주변을 돌아보면 큰 성공을 거둔 뒤에 얼마 안 가 더 큰 실패에 빠져버리는 리더의 사례를 어렵지 않게 찾아볼 수 있다. 이들이 이처럼 불행한 전철을 밟는 이유는 탕임금의 가르침처럼 리더 또한 날마다 새로워져야 하는 대상임을 망각한 채, 성공에 따른 자만심으로 인해 불통과 자기합리화의 함정에 빠져버리기 때문이다.

한편, 탕임금의 적극적인 조력자였던 명재상 이윤은 탕임금 이상으로 백성을 위하는 마음이 지극했다고 한다. 심지어 그는 백성 중에 굶어 죽는 사람이 있으면 자신이 그들을 구렁텅이로 빠뜨린 것처럼 생각했다고 한다. 이윤은 탕임금이 죽은 뒤 4대째로 왕위에 오른 탕임금의 손자 태갑太甲이 국정을 돌보지 않고 선대에서 이룬 좋은 제도들을 파괴하자 그를 왕위에서 내쫓고 3년 간 섭정을 펼치기도 했다. 그리고 태갑이 잘못을 뉘우치고 정신을 차리자 다시 왕권을 돌려준 후 이런 말을 남긴 채 홀연히 모든 것을 내려놓고 떠났다고 한다.

하늘이 우리 상나라에게 사사롭게 정이 있었던 것이 아닙니다. 오직 하늘은 덕을 도우신 것이고, 상나라가 아래 백성들에게 요구한 것이 아니라, 오직 백성들이 그 덕을 따른 것입니다. 덕이 오직 정일하다면 움직여서 길하지 않음이 없고, 덕이 두세 개로 갈라지면 움직여서 흉하지 않음이 없습니다. 오직 길흉은 사람에게 달려 있고, 덕에 따라 하늘은 재앙과 복을 내리실 뿐입니다. 지금 임금께서는 새로이 천명을 받게 되셨습니다. 당신의 덕을 새롭게 하시고, 처음부터 끝까지 오직 한결같이 하시며, 날마다 새롭게 하십시오. 관리를 임용하실 때에는 오직 어질고 재능 있는 사람을 쓰시고, 좌우의 핵심은 적당한 사람만 쓰셔야 합니다.

《서경(書經)》 함유일덕(咸有一德) 편

하늘이 상나라를 특별히 아껴서 도와준 게 아니라 백성을 덕으로 다스려서 좋은 기회를 준 것뿐이니, 그 마음을 놓치면 바로 복을 거두어 갈 것이다 하고 따끔하게 훈계한 것이다. 이윤이 지금으로부터 3,500여 년 전에 한 이 말이 지금까지도 깊은 울림을 주는 까닭은, 우리 주변에 '구성원들이 행복한 조직을 만들겠다'는 초심을 지키려는 리더가 부족해 보이기 때문일 것이다.

패자의 역습을 자초하는 승자의 오만함

　모든 경쟁의 결과는 필연적으로 승자와 패자를 낳기 마련이다. 한편으로 영원한 승자와 패자를 허락하지 않는 것이 경쟁의 또 다른 속성이기도 하다. 만일 리더가 이것을 인지하지 못하고 승자의 오만함을 드러내면 결국 이것이 패자의 역습을 자초하는 결과로 돌아올 수 있다.
　2,500여 년 전 중국에서는 수많은 나라가 처절한 정복 전쟁을 벌이는 **춘추전국시대**가 펼쳐지고 있었다. 당시 패권을 차시하기

위해 지속적으로 적대적인 관계를 유지했던 대표적인 두 나라가 바로 오吳나라와 월越나라이다. 기원전 496년, 오나라의 왕 합려闔閭는 호시탐탐 노리던 월越나라를 차지하기 위해 대군을 이끌고 침략을 강행했다. 하지만 그는 이 전쟁에서 월나라 왕 구천勾踐에게 크게 패하고, 화살을 맞은 채 오나라로 쫓겨 들어오는 신세가 되고 말았다. 그리고 결국 합려는 이때 생긴 상처가 악화되는 바람에, 아들 부차夫差에게 꼭 원수를 갚아달라는 유언만을 남긴 채 숨을 거두고 말았다. 이때부터 부차는 아버지의 유언을 잊지 않기 위해 가시나무 장작 위에서 잠을 잤으며, 방 앞에 사람을 세워 두고 자신이 출입할 때마다 '부차야, 아버지의 원수를 잊었느냐!' 하고 외치게 했다고 한다.

먼 곳에서 이런 부차의 소문을 들은 월나라 왕 구천은 후환을 없애기 위해 오나라에 대한 선제 공격을 감행했지만, 오히려 만반의 준비를 갖추고 있던 부차의 군사에게 크게 패하고 말았다. 이렇게 대패를 당하고 도망치던 구천은 잠시 회계산에 몸을 숨기기도 했으나, 차츰 오나라 군사들의 포위망이 좁혀오자 결국 '훗날을 도모하자'는 신하 범려와 문종의 간언을 받아들여 항복을 선언하고 말았다.

그런데 이때 부차는 '구천을 죽여 후환을 없애야 한다'는 신하 오자서의 간언을 무시하고 승자의 오만함을 드러냈다. 구천과 신하 범려를 자신의 노복으로 만들어 갖은 모욕을 겪게 하고, 구천의 아내를 자신의 첩으로 삼는 등 철저히 패자를 모욕하는 방법을 선택한 것이다. 그렇게 3년이 흐른 뒤, 구천은 부차에게 '월나라는 영원히 오나라의 속국으로 지낼 것'이라고 맹세하면서 자신을 고국으로 돌려보내달라고 간청했다. 이때도 부차는 반드시 후환이 있을 것이라는 오자서의 간언을 무시하고 그를 월나라로 돌려보내고 말았다. 이 역시 구천의 능력을 얕잡아본 부차의 오만함이 빚어낸 결정이었다.

이렇게 고국으로 돌아온 구천은 잠자리 옆에 쓸개를 매달아놓고 앉거나 눕거나 늘 이것을 핥아 쓴맛을 되씹으며 "너는 회계산의 치욕會稽之恥을 잊었느냐?" 하고 외치면서 복수를 다짐했다. 그로부터 20년이 지난 뒤, 결국 구천은 오나라로 쳐들어가 부차를 무찌르고 복수를 실현했다. 이때 구천은 부차에게 조용한 곳에서 여생을 보내라는 호의를 보였지만, 부차는 이를 마다하고 자살을 선택했다고 한다.

사람의 복수심은 참으로 무섭다. '와신상담臥薪嘗膽'이라는 고사성어를 만들어낸 부차와 구천의 사례처럼, 패자가 갖는 복수심은 복수를 실현할 때까지 강력한 동기부여 요인으로 작용한다. 그렇기 때문에 승자는 비록 경쟁에서 승리하더라도 패자에 대한 최소한의 예의를 지켜야 하는 것이다. 이와 관련해 마키아벨리Machiavelli, 1469~1527는 그의 저서 《군주론》을 통해 '상대를 완전히 제거할 능력이 있지 않다면, 그리고 그를 제거하기를 확신하게 원하지 않는다면 결코 상대방에게 굴욕감을 주지 말라'고 이야기했다. 특히 마키아벨리는 적국을 정복한 후 재산을 빼앗고 여자들을 욕보이는 것이야말로 영원한 증오심을 불러일으키는 가장 빠른 방법이라고 지적했다.

어제의 적이 오늘의 동지가 되는 냉정한 비즈니스 현실에서, 리더는 예절 없는 언행으로 보이지 않는 적을 만드는 최악의 행동을 특별히 경계해야 한다. 이를 위해 소위 잘 나가는 상황일수록 스스로의 말 한마디, 행동 하나하나를 세심하게 살피는 노력이 필요하다. 누군가에는 이미 지나간 일이 상대에게는 쉽게 정리되지 않는 마음의 상처로 남아 그 사람에 대한 깊은 불신과 복수심을 낳게 마련이다.

사람의 마음은 무엇으로 움직이는가

　기업이 어려움을 겪게 되면 경영진 회의에서 '회사의 보상 시스템에 문제가 있어서 우수한 인재들이 조직을 떠난다'는 의견이 나오곤 한다. 물론 이러한 의견처럼 성과에 대한 합리적인 보상은 구성원들에 대한 중요한 동기부여 요인으로 작용한다. 하지만 구성원들의 행동이 오직 금전적 보상으로만 결정된다고 보는 것은 매우 협소한 시각이다. 이에 대해 미국의 심리학자 프레드릭 허즈버그Frederick Herzberg는 그의 '2요인 이론two-factor theory'을 통해 다음과 같이 구성원들의 만족과 불만족을 결정하는 요인들에 대해 설명해 주고 있다.

허즈버그는 먼저 구성원들이 만족과 불만족을 느끼는 데에는 두 가지 욕구, 즉 '불쾌감(배고픔, 고통 등)을 회피하려는 욕구'와 '정신적 성장 및 자아실현을 추구하려는 욕구'가 전혀 다르게 작동한다는 가설을 세웠다. 그는 이 가설을 검증하기 위해 회계사와 엔지니어 200명을 대상으로, 이들이 어떤 경우에 일에 대한 적극적 만족과 불만족을 느끼는지를 조사했다. 그 결과 적극적 만족감은 (목표)달성, 승인, 일에 대한 책임, 승진 등에 의해 충족되었으며, 특히 그중에서도 일에 대한 책임, 일 그 자체, 승진이라는 세 가지 요소가 일에 대한 의욕과 열정을 지속시키는 요인이 된다는 사실을 밝혀냈다. 반면에 불만족은 주로 기업의 정책과 경영, 감독 기술, 급여, 대인 관계, 작업 조건이라는 다섯 가지 요인에 의해 발생한다는 사실을 확인했다.

허즈버그는 전자를 만족 요인 또는 동기 요인Motivation factor, 후자를 불만족 요인 또는 위생 요인Hygiene factor이라고 정의하고 다음과 같이 자신의 이론을 정리했다. 즉, 조직 내부에서 위생 요인이 충족되지 않으면 극단적인 직무 불만족이 발생하지만 이것이 해결된다고 해서 직무 만족을 느끼지는 않으며, 직무 만족은 동기 요인이 충족되었을 때에야 비로소 느낄 수 있다는 것이다. 이 말은 결국 합리적인 보상이 당장의 불만족은 해소할 수 있지만, 이것이 구성원들의 만족으로 이어지지는 않는다는 사실을 의미한다. 허즈버그는 이러한 이론의 결론으로서 기업의 경영자는 구성원들의 불만족을 초래하는 위생 요인을 줄이는 한편, 일에 대한 의욕을 높이는 동기 요인을 더욱 적극적으로 강화할 필요가 있다고 주장했다.

우리는 간혹 언론 매체를 통해 허즈버그의 이론들이 적용되는 사례들을 접하곤 한다. 예를 들면 외국 팀에서 제안하는 고액 연봉을 뿌리치고 자신의 성장을 이끌어준 감독과 소속 팀을 선택했다는 운동 선수의 이야기나, 업계 최고 연봉을 받던 대기업 직원이 그보다 훨씬 낮은 연봉을 감수하고 신생 벤처 기업으로 자리를 옮겼다는 이야기 등이 그것이다.

때로는 리더들이 허즈버그의 이론을 엉뚱하게 해석하는 경우도 있다. 이 이론의 핵심은 구성원들의 직무 만족과 직무 몰입을 극대화하기 위해서는 위생 요인과 동기 요인의 균형을 맞춰야 한다는 것인데, 이것을 잘못 해석함으로써 지나치게 동기 요인에만 초점을 맞추고 위생 요인에 해당하는 보상 측면을 소홀히 하는 경우를 말한다. 돈이면 다 된다고 생각하는 리더도 문제지만, 이처럼 동기 요인에 비해 합리적인 보상 측면을 소홀히 하는 것 또한 올바른 인식이라고 보기 어렵다. 《맹자》 양혜왕 편을 보면 맹자가 제 선왕을 만나 왕도 정치에 대해 이야기를 나누는 자리에서 다음과 같은 조언을 해주었다는 대목이 나온다.

일정한 일자리(보상)가 없으면서 올바른 마음(양심)을 가지는 것은 오직 선비(군자)라야 가능합니다. 만약 백성이 일정한 일자리(보상)가 없으면 올바른 마음이 없어집니다. 올바른 마음이 없어지면 거리낌 없이 제멋대로 행동하게 됩니다. 죄를 짓게 된 후에 벌을 주는 것은 백성에게 그물질을 하는 것과 같습니다. 어찌 어진 사람이 자리에 있으면서 백성에게 그물질을 하는 것을 할 수 있겠습니까?

《맹자》 양혜왕 편

백성에게 안정된 일자리도 보장해 주지 못하면서 형벌만 강조하는 것은 백성을 기만하는 행위라는 의미다. 이처럼 맹자는 우선 구성원에게 일정한 먹거리를 주는 것이 가장 중요하고, 그 뒤에 교육을 통해서 올바른 도덕을 가르칠 수 있다고 보았다.

요즘 젊은 직원들은 안정적인 분야만 선호하고 도전적인 분야에는 뛰어들지 않는다고 한탄하는 리더들이 많다. 하지만 이것이 비록 사실이라 하더라도, 리더라면 그들의 도전 정신을 탓하기에 앞서 현재 우리 조직은 그들에게 조직 수준에서 해줄 수 있는 최선의 보상을 해 주고 있는지, 또한 그들의 성취욕을 북돋우는 역할 부여와 그에 따른 칭찬과 격려, 인정을 적절히 시행하고 있는지를 먼저 생각해보아야 할 것이다.

19 함께 나누려는 마음을 놓치면
천하를 잃을 수 있다

사람은 누구나 이익을 얻고자 하는 마음을 가지고 있다. 하지만 이 마음이 지나치면 '탐욕貪慾'이 된다. 이익을 대하는 생각에 더하기와 곱하기만 남고 빼기와 나누기의 개념은 희미해지는 것이다. 게다가 탐욕은 가진 것이 많으면 많을수록 그 크기가 무한정 커진다는 특성을 가지고 있다.

몇 해 전 방영된 SBS 다큐멘터리 〈최후의 제국〉에는 파푸아뉴기니의 빅맨(부족장) '넨'이 미국에서 겪은 문화적 충격에 대한 이야기가 나왔다. 넨은 부족의 빅맨으로 생활하던 시절, 가진 자가 가진 것을 나누고 공동체 전체의 이익을 위해 일하는 것을 당연하게 생각했다. 그런데 미국인 아내와 결혼해 미국으로 건너가 살게 된 그는 세계 제1의 경제대국에서 어떠한 사회 안전망의 혜택도 받지 못한 채 배고픔과 집 없는 서러움을 느끼며 살아가는 수많은 어린이의 모습과, 그들의 상황을 그저 개인의 책임으로 떠넘기는 정치인들의 모습을 보고 심한 충격을 받게 되었다. 그는 그때 자신이 받은 문화적 충격을 이렇게 표현했다.

"저는 지금 혼란스러워요. 제 부족 중에는 가난한 사람이 없죠. 모든 사람들이 먹을 음식이 있었죠. 미국에서는 돈이 없으면 생존할 수 없어요. 돈이 없으면 미국에서의 인생이 없죠. 이곳은 모든 것이 돈이에요."

인간의 탐욕은 이렇게나 무서운 것이다. 한편으로 넨의 표현을 보면, 한때 '기회의 나라'라고 불렸던 미국이 지금은 사회 전체가 탐욕으로 물들어 공동체의 위기 따위는 돌아보지 않는 나라가 되어 버린 듯해 안타까운 마음이 들기도 한다.

강태공姜太公은 주周나라 문왕이 은殷나라의 폭군 주왕을 물리치고 천하를 평정하는 데 결정적인 도움을 준 인물이다. 그는 문왕이 처음 만난 자리에서 '어떻게 나라를 세우고 민심을 모아야 천하가 따르겠습니까?' 하고 묻자 이렇게 답했다고 한다.

천하는 군주 한사람의 것이 아니라 천하 사람들의 천하입니다. 그런 천하의 이익을 천하 사람들과 나누려는 마음을 가진 군주는 천하를 얻을 것입니다. 그러나 반대로 천하의 이익을 혼자 챙기려는 사람은 바로 천하를 잃을 것입니다.

…

이 천하의 재산을 사람들과 함께 나누어 조금도 사심이 없는 것을 인(仁, 사랑)이라고 합니다. 인(仁)이 있는 곳에 천하가 돌아가게 됩니다. 사람이 죽을 것을 살려주고, 환난을 당한 사람을 도와주며, 급한 사람을 구제해 주는 것을 덕(德)이라고 합니다. 덕이 있는 곳에 천하가 돌아가게 됩니다. 백성들과 함께 고민하고, 함께 즐거워하며, 함께 좋아하고, 함께 미워하는 것을 일컬어 도(道)라고 합니다. 도가 있는 곳에 천하가 돌아가게 됩니다.

《육도삼략(六韜三略)》

이 말을 들은 문왕은 바로 강태공에게 절을 올리며 스승으로 모실 것을 다짐하고 그를 수레에 태우고 돌아가서 나라를 함께 다스렸다고 한다. 이익에 앞서 '나눔'과 '정의'를 실현하고자 하는 서로의 마음이 통한 것이다.

리더가 조직에 기여한 만큼 이익을 가져가는 것은 매우 당연한 일이다. 공자 역시 다음과 같이 《중용》을 통해 순임금이 백성들에게 베푼 높은 덕에 합당한 부를 누렸음을 칭송했다.

> 순임금은 참으로 위대한 효자였다. 덕으로는 성인이 되었고, 존귀함으로는 천자가 되셨으며, 부(富)로는 사해를 차지하였고, 종묘에서 조상을 제사했으며, 자손을 보존하였다.
>
> 《중용》

하지만 강태공의 조언처럼 리더는 자신의 이익을 살피기에 앞서 주변을 살필 줄 아는 지혜가 있어야 한다. 기업가라면 사업을 일으키기 위해 자신이 얼마나 험난한 여정을 겪어 왔는지를 생각하기에 앞서, 자신의 곁에서 도와준 사람이 없었다면 그것이 불가능했을 것이라고 생각할 줄 알아야 한다. 또한 조직을 이끄는 사람이라면 자신의 이익을 계산하기에 앞서, 자신이 수많은 사람의 도움을 받고 있으며 또한 그들의 인생을 책임지고 있다는 마음을 놓쳐서는 안 된다. 조직에서 만든 부가가치를 합리적으로 배분하는 것, 이것이 바로 리더 본연의 역할이며, 조직이 영속성을 갖는 근본이 된다. 이끄는 사람이 덕과 인, 도를 따랐을 때 천하가 돌아간다는 강태공의 말처럼 말이다.

사람의 본성은 양심과 욕심을 함께 가지고 있다

　수천 년 동안 철학자들은 인간의 본성에 대한 논쟁을 거듭해왔다. 그중 가장 크게 대립했던 논제가 맹자의 '성선설性善說'과 순자의 '성악설性惡說'이다. 이러한 상반된 관점은 현실의 리더가 조직을 운영하는 데에도 상당한 영향을 미치게 된다. 예를 들어 리더가 성악설의 관점을 가지고 있다면 조직 내부에서 일어나는 일탈 행위에 대해 '사람은 원래 위선적이므로 법으로 강하게 규제해야 한다'고 판단할 것이다. 반대로 성선설의 관점을 가지고 있다면

'교육이나 교화를 통해 사람의 선한 본성을 일깨워야 한다'고 판단할 것이다. 경영학에서도 이러한 인간 본성을 근거로 조직 관리에 대한 이론을 이끌어내는 사례가 많다. 그 대표적인 것이 더글라스 맥그리거Douglas M. McGregor의 'XY이론Theory X·Theory Y'이다. 미국의 심리학자이자 경영학자인 맥그리거는 매슬로의 욕구 5단계 이론을 바탕으로 다음과 같은 이론을 발표했다.

- **X이론(성악설의 관점)** : 인간은 원래 일하기를 싫어하고 야망과 책임감이 없고, 변화를 싫어하며, 자기중심적이고, 금전적 보상이나 제재 등 외재적 유인誘因, incentive에 반응한다고 가정한다. 지시받은 일밖에 실행하지 않는다.
  → 리더는 금전적 보상을 유인으로 사용하고, 엄격한 감독과 상세한 명령으로 통제를 강화해야 된다.
- **Y이론(성선설의 관점)** : 인간은 본성적으로 일을 즐기고 책임 있는 일을 맡기를 원하며, 문제 해결에 창의력을 발휘하고, 자율적 규제를 할 수 있으며, 자아실현 욕구 등 상위 욕구의 충족에 의해 동기가 유발된다고 가정한다.
  → 리더는 자율적이고 창의적으로 일할 수 있는 여건을 제공해야 한다.

맥그리거는 이 이론을 설명하면서, 리더가 X이론을 추종할 경우 상위 욕구의 충족을 원하는 요즘 사람들에게 동기 요인을 제공하지 못할 것이라고 비판함으로써 상위 욕구의 충족을 중시하는 Y이론 쪽에 무게를 두었다.

한편, 맥그리거와는 반대로 성악설의 관점에서 통치 논리를 전개한 고전들도 있다. 바로 제왕학帝王學의 지침서라고 불리는 《한비자》와 마키아벨리의 《군주론》 등이 그것이다. 특히 《한비자》를 보면, 후궁이나 정실의 아들을 태자로 삼으면 간혹 그들이 왕이 빨리 죽기를 바라게 되므로 아내조차 믿어서는 안 된다는 조언을 비롯해, 신하가 목표를 부족하게 달성하면 처벌하고 또 목표를 과도하게 달성해도 처벌하며, 서로 칭찬하는 신하들의 담합이 있는지 챙기라는 등 철저히 인간의 본성이 악하다는 관점에서 통치 논리를 전개하고 있다.

이러한 사례들을 보면 결국 리더가 어느 한 쪽 논리에 무게를 두고 조직을 이끌어갈 경우 자칫 심각한 오류에 빠질 수 있다는 사실을 짐작해볼 수 있다. 예를 들어 리더가 성악설의 관점에서 조직을 목표 지향적으로 운영하면 단기적으로는 좋은 성과를 낼지 모르지만, 일정 시간이 흐른 뒤에는 구성원들 사이에서 '까라면 까야지' 하는 식의 자조 섞인 목소리가 흘러나오고, 결국 조직을 모래알처럼 흩어져 버리게 만들 우려가 있다. 역사적으로 보더라도 《한비자》의 이론을 충실히 따른 진시황은 천하통일의 위업을 달성했지만, 결국 그의 제국은 15년 만에 멸망하는 운명을 맞왔다. 반면에 리더가 성선설의 관점에서 조직을 지나치게 자율적으로 운영하는 경우에도 문제가 있을 수 있다. 지나친 자율성으로 인해 자칫 구성원들이 도덕적 해이Moral Hazard에 빠질 경우 조직이 원하는 성과는커녕 오히려 조직의 경쟁력을 깎아먹는 문제들을 일으킬 수 있기 때문이다.

이에 대해 앞서 언급한 홍익학당의 윤홍식 대표는 성선설과 성악설을 대립 관계로 해석할 필요가 없다고 조언한다. 그는 맹자의 성선설은 인간의 양심이 선하다는 사실을 강조한 것이고, 맹자 역시 인간의 하위 욕구인 먹고사는 문제가 해결되지 않으면 항심恒心(양심이 변하지 않는 것)을 가질 수 없음을 강조했다고 설명했다. 또한 순자의 '성악설' 역시 인간의 에고ego의 관점에서 욕심은 이익을 좋아한다는 점을 강조한 것이라고 설명했다. 결국 이러한 해설을 정리해보면, 사람은 양심(성선설)과 욕심(성악설)을 모두 가지고 있는 존재라는 의미가 된다.

리더가 조직을 운영할 때에도 이러한 관점을 적용할 필요가 있다. 즉, 기본적으로 성선설의 관점에서 구성원들의 생각과 행동을 긍정적으로 판단하되, 조직의 상황에 맞는 동기부여 방식을 실행함으로써 구성원들의 욕심을 적절히 관리해 줄 필요가 있다는 것이다. 또한 구성원들의 욕심이 과도하다고 판단될 때에는 그것을 합리적인 규제로 통제해 줄 필요도 있다.

21
훌륭한 인재를 얻으려면
먼저 자기성찰지능을 살펴라

리더의 역량이 아무리 뛰어나다 한들 조직을 온전히 홀로 이끌어갈 수는 없는 노릇이다. 그러므로 리더를 도와 조직을 함께 꾸려갈 누군가가 필요할 수밖에 없는데, 문제는 조직에 필요한 사람을 기용하는 일이 생각처럼 만만치가 않다는 데 있다. 자칫 조직에 욕심 많은 인재를 들일 경우 큰 분란을 초래할 수 있고, 그렇다고 욕심이 부족한 인재를 들이면 조직 성장의 걸림돌로 작용할 수 있기 때문이다.

《삼국지》에서 조조曹操는 늘 유비에게 제갈량諸葛亮이라는 걸출한 참모가 있음을 부러워했다고 한다. 그런데 사실 조조의 수하에도 제갈량 못지않게 뛰어난 참모가 여럿 있었다. 그중에서도 특히 인사참모 격인 유소劉劭는 훌륭한 인재를 발탁하는 데 있어 탁월한 능력을 가진 인물이다. 그는 일종의 인재학人才學을 다룬《인물지人物志》라는 책을 쓰기도 했는데, 이 책에서 좋은 인재의 특성을 다음과 같이 설명했다.

그 사람됨이 기질이 소박하고, 담백하며, 안으로는 총명하고, 밖으로는 명랑하며, 근육은 강하고 골격이 단단하며, 목소리가 맑고 표정이 밝으며, 자세가 바르고 용모가 곧다. 즉, 아홉 가지 특징을 모두 갖추고 있는 사람이 바로 순수의 덕성을 지닌 사람이다.

…

무릇 배움(學)은 재능을 이루는 것이고, 서(恕)는 상대의 감정을 추측하는 것이다. 한 가지 재능에만 치우친 편재(偏材)의 성품은 바꿀 수 없다. 비록 배움을 통해서 가르침을 받아 재능을 이룬다고 해도 잃기 쉽다. 비록 서(恕)를 통해 훈련하여 상대의 감정을 추측한다고 해도 각자의 마음을 따라 판단할 뿐이다. 성실한 사람은 타인도 성실할 것이라 추정하여 교활한 사람을 성실할 것이라 생각하고, 교활한 사람은 자신의 교활함으로 상대를 추정하여 성실한 사람조차 교활한 사람으로 생각하게 된다.

《인물지》

한마디로 덕과 재능이 중용中庸을 이룬 사람이 최고의 인재라는 의미이며, 이를 현대식으로 풀이하면 재능과 자기성찰지능, 사명감을 함께 갖춘 사람 정도로 생각해볼 수 있다. 그런데 문제는 현실적으로 이런 인재를 찾기가 쉽지 않다는 데 있다. 그러다 보니 대부분의 조직이 주로 좋은 재능을 갖춘 인재, 즉 '똑똑한 사람'을 우선적으로 기용하는 경향을 보이곤 한다. 하지만 이에 대해《EQ 감성지능》의 저자 대니얼 골먼Daniel Goleman은 '리더는 지능IQ이 뛰어난 사람이 좋은 성과를 낸다는 생각을 버려야 한다'고 주장하면서, 자신의 연구 결과를 그 근거로 제시했다. 즉, 그가 직접 수백 개의 기업을 대상으로 다년간 연구한 결과, IQ Intelligence Quotient(지능지수)가 업무 성과에 미치는 영향은 20%에 불과했으며, 나머지 80%는 EQ Emotional Quotient(감성지수)에 의해 결정되었다는 것이다.

조직 행동 분야의 세계적인 권위자인 스티븐 P. 로빈슨Stephen P. Robbins 박사 역시《조직 행동론》이라는 책에서 사우스웨스트항공의 사례를 들어 감성 역량의 중요성을 강조했다. 사우스웨스트항공의 경우 인재를 뽑을 때 유머 감각을 최우선적으로 고려하는데, 이는 최상의 서비스를 위해서는 고객에 대한 지식과 스킬보다는 유머 감각과 같이 스트레스를 이겨낼 수 있는 감성 역량이 더 중요하다고 판단했기 때문이라는 것이다.

이러한 '감성 역량'과 '감성지능' 외에 좋은 인재의 요건 하나를 덧붙이자면 앞서 언급한 '자기성찰지능'을 꼽을 수 있다. 자기성찰지능이란 자신을 객관적으로 바라볼 줄 알고, 스스로 자존감을 지킬 수 있으며, 문제를 능동적으로 해결하는 능력을 말한다. 그런데 사실 리더가 자기성찰지능이 뛰어난 사람을 판단하기가 생각처럼 쉽지는 않다. 흔히 말하는 스펙이나 재능과 달리 이러한 능력을 판단할 만한 명확한 기준이 부족하기 때문이다. 다만 20년 가까이 사람을 뽑고 평가하는 일을 해왔던 필자의 경험에 의하면 대체로 다음과 같은 특성을 보이는 사람들의 자기성찰지능이 높게 나타났다.

- 상대방과 안정된 눈빛으로 마주보며 편하게 대화하는 사람
- 정직하고 핑계(자기합리화)를 대지 않으며 자신의 실수를 솔직하게 인정하는 사람
- 고집이나 아집이 강하지 않은 사람

이중에서도 특히 상대를 바라보는 '눈빛'이 중요하다. 대화를 할 때 눈빛이 불안하고, 눈동자를 계속 굴리며 상대의 시선을 피하는 사람은 자기성찰지능이 낮고 욕심이 많은 사람일 가능성이 크다. 이와 관련해《맹자》에도 다음과 같은 표현이 있다.

> 사람됨을 살피는 데에는 눈동자보다 더 좋은 것은 없다. 눈동자는 그 사람의 악함을 감추지 못한다. 마음이 바르면 눈동자가 맑고, 마음이 바르지 못하면 눈동자가 흐리다. 그 사람의 말을 듣고 그 사람의 눈동자를 보는데 어떻게 속마음을 속일 수 있겠는가?
>
> 《맹자(孟子)》 이루상(離婁上) 편

사실 현실에서 '똑똑한 사람'이 우선적으로 기용되는 이유는 자기성찰지능을 판단하기 어려워서라기 보다는, 단기에 성과를 낼 수 있는 인재를 뽑겠다는 리더의 욕심이 작용한 탓일지 모른다. 그러다 보니 똑똑하고 욕심 많은 인재들에게 감정이입과 동질감을 느끼고 그런 인재들이 조직을 크게 성장시킬 것이라고 생각하여 많은 권한을 부여하게 되는 것이다. 하지만 이렇게 욕심 많고 똑똑한 사람들로 구성된 조직은 빠르게 성장할지는 모르나, 쇠락 또한 빠르게 이루어질 수 있다는 사실을 간과해서는 안 된다. 반면에 자기성찰지능과 감성지능이 우수한 인재는 당장의 성과는 미미할지 모르나, 학습 효과가 뛰어나 장기적으로 높은 성과를 내며, 소통 능력과 충성심이 강해 조직을 지속적으로 성장시키는 데 큰 도움이 될 수 있다.

22

사람은 누구나 자신이 얻을 것을 정확히 저울질한다

이솝우화 중에 '여우와 신 포도'라는 이야기가 있다. 알다시피 이 이야기는 굶주린 여우가 포도나무에 매달린 포도를 따 먹으려고 애쓰다 결국 포기하고 만다는 내용을 담고 있다. 그러고 나서 그 여우는 이런 말을 내뱉는다.

"내가 부족해서 못 먹는 게 아니야. 저 포도는 분명 시어 터져서 맛이 없을 거야."

그런데 이 이야기가 주는 메시지와 묘하게 일치하는 경영 이론

이 하나 있다. 바로 동기부여 전문가인 빅터 브룸Victor H. Vroom 교수가 주장한 '기대 이론Expectancy Theory'이 그것이다. 그는 이 이론을 통해 사람의 동기, 즉 어떤 행동을 하고자 하는 생각은 먼저 특정 대상을 좋아하게 되고, 자신의 노력 정도에 따라 그 대상을 얻을 수 있다는 기대감이 높을수록 강해진다고 주장했다. 그리고 이러한 이론을 다음과 같은 식으로 표현했다.

- 동기의 크기 = 선호도 × 기대감 (성과 자신감 × 보상 획득 기대감)

그럼 이 이론을 여우와 신 포도 이야기에 대입해보자. 굶주림에 지친 여우는 포도나무에 매달린 포도(대상)를 좋아했다. 처음에는 쉽게 따 먹을 수 있겠다는 생각(기대감)에 동기부여가 되어 열심히 뜀뛰기를 해댔다. 그런데 점차 포도를 따 먹을 수 있다는 기대감이 줄어들고 마침내 0(zero)이 되는 순간 동기는 사라지고 결국 포기하고 만 것이다.

기대 이론은 이처럼 매우 간단하고 명확한 개념을 담고 있기 때문에, 리더가 구성원들에 대한 동기부여 방식을 고민할 때 유용하게 활용할 만하다. 예를 들어 리더가 구성원들에 대한 인센티브 제도를 설계한다고 가정해보자. 이때 인센티브의 기준을 지나치게 높게 설계하면 구성원들이 높은 곳에 매달린 포도라는 생각으로 반응하지 않을 것이다. 또한 인센티브의 내용 자체가 구성원들이 좋아하는 것이 아닌 경우에도 긍정적인 반응을 기대할 수 없다. 결국 인센티브 제도의 효과를 높이려면 기본적으로 구성원들이 정말 좋아할 만한 내용을 담고, 노력만 한다면 그것을 충분히 얻을 수 있는 수준으로 설계해야 한다.

  실제로 과거 한 게임 업체에서 이러한 방식으로 인센티브 제도를 설계함으로써 큰 성과를 낸 사례가 있었다. 이 업체에서는 신규 게임 프로젝트를 진행하면서 팀원들에게 이 게임이 출시된 후 생기는 수익의 일정 비율을 인센티브로 보상해 주겠다고 약속했다. 그러자 팀원들은 이 게임이 출시되자마자 새로운 아이템을 번개같이 업데이트하는 등 수익을 높이는 데 온힘을 기울였다. 그 결과 이 게임은 시장에서 큰 성공을 거두었고, 팀원들도 만족할 만한 인센티브를 가져갈 수 있었다. 또한 게임 업체 입장에서도 그러한 인센티브 제도 덕분에 소수의 프로젝트 인원으로 최고의 성과를 내는 효과를 볼 수 있었다.

  그렇다고 이 경우처럼 구성원들에 대한 보상을 전적으로 금전적인 측면에 맞출 필요는 없다. 이와 관련해서는 일본 교세라 Kyocera 그룹의 '아메바 경영'이 하나의 사례가 될 수 있다. 아메바 경영은 거대한 기업 조직을 독립 채산(운영)이 가능한 최소 단위의 조직으로 나눠 경영하는 교세라그룹 특유의 조직 관리 방식을 말하며, 세포분열을 통해 끊임없이 개체를 늘려가는 아메바의 모습과 흡사하다 하여 붙여진 이름이다. 이러한 아메바 경영의 핵심은 전 직원의 경영 참가를 실현함으로써 모든 직원이 '나는 사장이다'라는 마음을 갖게 하는 데 있다. 이를 통해 아메바 조직이 높은 수익을 거두었을 때 조직원들이 특별한 보상을 바라기 보다는 수익 창출에 따른 자기만족에 집중할 수 있도록 한 것이다. 이것은 마치 우리가 게임에서 높은 점수를 냈을 때 큰 만족감을 느끼는 것에 비유할 수 있다. 아메바 경영은 브룸의 기대 이론 공식에서 선호도라는 요인을 돈보다는 명예와 성취감에 집중한 사례로 볼 수 있다.

한편, 애덤스J. Stacy Adams의 '공정성 이론Equity theory'에 따르면 조직 구성원들은 자신이 업무에 투입한 노력, 기술, 지식 등과 그것들에 의해 산출된 보상, 임금, 승진, 인정, 지위 등에 따라 투입을 조절한다고 한다. 즉, 자신이 투입한 요소보다 산출된 보상이 많을 경우 더 많은 요소를 투입하려고 하고, 투입과 산출이 적당히 맞아떨어지면 만족감을 느끼며, 자신이 투입한 요소보다 산출된 보상이 적을 경우 투입 요소(근무 시간, 노력 등)를 줄이는 방식으로 손해를 보상받으려고 한다는 것이다. 결국 이 이론에 따르면 구성원들에 대한 보상을 줄이는 것이 결코 조직의 부가가치를 아끼는 방법이 될 수 없음을 알 수 있다.

리더가 구성원들에 대한 동기나 보상을 고민할 때에는 기본적으로 '사람은 누구나 자신의 노력을 통해 무엇을 얻을 수 있는지를 정확히 지울질한다'는 사실을 염두에 두어야 한다. 어설픈 보상으로 포장한 제도로는 효과적인 동기부여가 어렵다는 말이다. 그럼에도 불구하고 많은 리더들이 다른 조직과의 형평성을 고려해야 한다거나, 수익을 필요 이상 배분해 주기 아깝다는 속내를 감추지 못하고 허울 좋은 인센티브 제도를 설계하는 오류를 범하곤 한다. 이러면 결국 구성원들을 '포도 따 먹기를 포기하는 여우'로 만들 뿐이다.

23 미래를 얻으려면 기술과 예술을 우대하라

　많은 미래학자들이 가까운 미래에 로봇 혁명이 일어날 것이라고 예견하고 있다. 그들의 주장처럼 이미 로봇은 우리 주변의 다양한 분야에서 활용되고 있다. 의사의 지시를 받아 약을 조제하는 로봇이나, 데이터를 수집·분석해 이를 기사형 문장으로 표현하는 로봇, 무인 주차 기능이 탑재된 자동차, 무인기Drone를 이용해 물건을 배달하는 아마존Amazon의 프라임 에어Prime Air 서비스 등 로봇 기술의 발전은 우리가 상상했던 것 이상으로 빠르게 발전하고 있다. 전문가들의 예상에 따르면 앞으로 10년 안에 가사를 전담하는 로봇도 나올 것이라고 한다.

얼마 전 필자는 중남미에서 사업을 하는 한 지인으로부터 흥미로운 이야기를 들었다. 자신은 스페인어를 전혀 못해서 어쩔 수 없이 영어로 쓴 메일 내용을 구글 번역기로 돌려서 전달했는데, 현지 직원들이 자신이 전하고자 한 메시지를 정확히 이해하더라는 것이다. 또한 직원들도 자신에게 같은 방식으로 스페인어를 영어로 번역해 보내 주기 때문에 사업을 운영하는 데 전혀 지장이 없다는 것이다. 물론 아직까지 구글 번역기의 기능이 전문 번역 수준에 이르지는 못했지만, 이처럼 간단한 의사표현 정도는 얼마든지 가능하다는 이야기였다.

최근 KBS의 〈시사기획 창〉이라는 프로그램에서는 '로봇 혁명, 미래를 바꾸다' 편을 통해 미래에 로봇 기술이 인간의 일을 어디까지 잠식해나갈지 예측해보았다. 그 결과 향후 로봇이 인간의 육체 노동은 물론 정신 노동까지 대체할 것이며, 이로 인해 현재 중산층이 종사하고 있는 일의 40%가 사라질 것이라고 예측했다. 그러면서 이 프로그램에서는 앞으로 인간이 다른 경쟁자가 아닌 로봇과 경쟁해야 하는 상황이 만들어질 가능성이 크므로, 이를 극복하기 위해서는 로봇이 할 수 없는 일에 집중해야 한다는 경고의 메시지를 보냈다.

그렇다면 과연 인간이 로봇과의 경쟁에서 우위를 점할 수 있는 영역은 무엇일까. 그것은 아마도 IT를 중심으로 한 기술 분야나 디자인 분야 등 주로 창의성을 기반으로 하는 영역일 가능성이 크다. 어쩌면 현재 심각한 사회 문제로 불거지고 있는, '대학 진학자들의 인문계 기피 현상' 등이 그 서막일 수도 있다.

그럼 그 반대편에 있는, 즉 이공계를 졸업한 기술 관련 인재들이나 디자인 관련 인재들은 사회적으로 제대로 된 대우를 받고 있을까? 안타깝게도 이 또한 확신할 수 없을 듯하다. 실제로 많은 기업들이 아직까지도 디자인 인력들을 주로 계약직으로 채용하고, IT 관련 인재들을 집중 육성하기 보다는 관련 업무들을 주로 외주에 의존하는 경향을 보이기 때문이다. 또한 이러한 인재들을 정규직으로 채용하더라도 그들의 창의성을 극대화하려고 노력하기 보다는, 조직이 원하는 기능과 디자인에 맞출 것을 강요함으로써 그들의 재능을 단순 노동으로 퇴화시키는 경우가 많아 보인다. 오죽하면 '스티브 잡스가 우리나라에서 태어났으면 PC방 사장밖에 안 되었을 것'이라는 자조 섞인 농담까지 나오겠는가. 이런 식으로는 21세기에 최적화된 창의적 인재를 배출한다는 것이 요원한 일이 될 수밖에 없다.

징기스칸은 정복 전쟁을 벌이는 과정에서 비록 수많은 인명을 살상하기도 했지만, 정복 국가의 기술자만큼은 적극적으로 활용했다고 한다. 몽골군의 전투력을 강화하는 데 그들의 기술력을 십분 활용한 것이다. 뿐만 아니라 그는 평상시에도 예술가, 기술자,

교사들이 꿈을 맘껏 펼칠 수 있는 환경을 만들어 줌으로써 몽골 제국을 당시 가장 발달된 문명국가로 성장시킬 수 있었다.

동양 철학의 대표적인 고전인 《중용》을 보면 천하를 다스리는 아홉 가지 방법이 나오는데, 그 중 일곱 번째에 '내백공來百工'이라는 문장이 나온다. 이것은 나라에 백 가지 기술과 예술 분야의 전문가를 데려와서, 이들에게 합당한 대우를 해주고 격려하면 나라의 물자가 풍족해진다는 의미를 담고 있다.

그렇다면 오늘날 조직의 리더가 이러한 인재들을 통해 조직의 성장을 도모하려면 구체적으로 어떠한 노력을 기울여야 할까? 일단 그러한 인재들의 특성부터 이해해야 한다. 9시 출근, 6시 퇴근 식의 원칙적인 통제 방식과 사사건건 규정을 들이대는 방식으로는 결코 이들의 동기를 자극할 수 없다. 실제로 한 대기업에서 IT 관련 중소 벤처 기업을 인수했다가 문화적인 차이로 심각한 갈등을 겪은 적이 있었다. 기존 벤처 기업에서는 기술자와 디자이너들이 각자의 사이클에 맞춰 일할 수 있도록 출근 시간을 자율에 맡겼으며, 일에 탄력이 붙어 야근을 하게 되면 야근 식대와 심야 택시비를 지원해 주었다. 또한 낮에 컨디션이 저하되면 휴식을 취할 수 있도록 취침실도 운용하고 있었다. 반면에 정시 출퇴근이 몸에 배어 있던 대기업 입장에서는 이러한 시스템을 도저히 용납할 수 없어 모조리 폐지하려고 했던 것이다. 이 경우에는 다행히 우여곡절 끝에 해당 제도들이 유지되었지만, 실제로는 대기업 시스템에 맞춰 그러한 제도들을 폐지하거나 축소하는 경우가 더 많다고 볼 수 있다.

또한 이러한 인재들이 상시적으로 자유롭게 자신의 아이디어나 생각을 제안할 수 있는 환경을 만들어 주는 노력도 필요하다. 실제로 대부분의 창조적인 제품들이 그러한 환경 속에서 만들어진다.

리더는 기술 및 디자인 관련 인재들이 일반적으로 소극적인 성향을 보인다는 사실도 염두에 두어야 한다. 만일 그러한 성향을 가진 사람을 전통적인 제조업 관리 방식에서 바라본다면 조직 생활에 부적절한 유형으로 낙인찍힐 가능성이 크다. IT 계열 기업에서 일하는 기술자나 디자이너들이 제조 업체로 이직하기 꺼려하는 이유도 이러한 시각과 무관하지 않다. 앞서 말했듯 이런 기업에서는 그들의 창의적인 재능이 단순 기능으로 퇴화될 가능성이 많기 때문이다.

많은 전문가들이 21세기 기업 생존의 핵심은 전통적인 제조 분야와 IT 분야를 얼마나 효율적으로 융합시킬지에 달려 있다고 강조한다. 이 말은 곧 이질적인 특성이 부딪쳤을 때 필연적으로 발생하는 갈등을 리더가 얼마나 조화롭게 관리하느냐에 따라 조직의 생존이 좌우된다는 사실을 의미한다.

결국 모든 답은 사람에게서 나온다

영화 〈어벤져스The Avengers〉에서는 외계인의 침공을 막기 위해 아이언 맨Iron Man을 비롯한 여러 슈퍼 영웅들이 모여 한 팀을 이룬다. 그런데 영화 초반에 비쳐지는 이들의 모습은 마치 조직의 프로세스나 팀워크 따위는 안중에도 없는 오합지졸처럼 보인다. 그러다 영화 말미에 이를 즈음에는 이들이 서로에 대한 이해를 바탕으로 지구를 구하기 위해 나름의 팀워크를 이루게 된다. 그렇다면 이처럼 말도 안 되어 보이는 일이 현실 조직에서도 일어날 수 있을까? 이에 대해 미국의 경영 컨설턴트인 짐 콜린스Jim Collins는 그의 저서 《좋은 기업을 넘어 위대한 기업으로Good to great》를 통해 웰스 파고Wells Fargo와 뱅크 오브 아메리카Bank of America라는 두 금융 기업이 변화에 대처했던 상반된 모습을 보여줌으로써 그것이 얼마든지 가능한 일임을 이야기해 주고 있다.

1970년대 초, 웰스 파고를 이끌었던 CEO 딕 쿨리Dick Cooley는 앞으로 금융 환경이 극심한 변화를 겪을 것이라고 예상했다. 하지만 그는 자신이 직접 그러한 변화에 대한 대응 전략을 세우는 대신 기업 내부에 유능한 인재를 끌어들이는 데 집중했다. 심지어 그는 특별한 직무를 염두에 두지 않고 좋은 인재라면 무조건 기업에 끌어들이기도 했다.

당연히 그의 행보를 우려하는 시각이 많았다. 하지만 그는 좋은 인재를 기업에 투입하는 것이 바로 미래의 변화에 대비하는 방법이라고 생각했다. 즉, 자신이 현명하지 못해서 보지 못하는 변화를 좋은 인재들이 볼 것이며, 그들이 그 변화를 유연하게 다룰 것이라고 믿었던 것이다. 그의 노력은 결국 큰 성과를 가져왔다. 당시에 시행된 금융업에 대한 탈규제 조치의 여파로 전체 금융 업종의 주가가 전체 주식 시장에서 59%나 뒤떨어져 있을 때, 웰스 파고는 시장을 세 배나 앞지르는 성과를 거둔 것이다. 또한 콜린스가 분석한 결과에 의하면, 당시 웰스 파고의 경영진에 합류했던 상당수의 인재가 향후 여러 잘 나가는 기업의 경영자로 활동하게 되었다고 한다.

　반면에 뱅크 오브 아메리카는 웰스 파고와는 전혀 다른 길을 선택했다. 당시 이들은 소위 '약한 장군, 강한 장군'이라는 모델을 따랐다. 이것은 강한 장군을 요직에 앉히면 경쟁자들이 떠나지만, 반대로 약한 장군을 앉히면 강한 장군들이 떠나지 않고 때를 기다린다는 모델이었다. 이러한 모델에 따라 이 기업의 경영진은 그들의 의견에 고분고분 잘 따르는 약한 임원들을 요직에 앉혔다. 하지만 그 결과는 끔찍했다. 이 기업은 막상 금융권에 변화가 닥치자 우왕좌왕하는 모습을 보이다가 결국 성장 동력을 잃고 경쟁에서 크게 뒤떨어지는 결과를 맞게 되었다.

　콜린스는 이러한 사례처럼 '위대한 기업'은 좋은 사람(인재)을 먼저 버스(기업)에 태운 후 그들에게 최선의 길을 모색하게 하는 반면, 그보다 떨어지는 '비교 기업'들은 1,000명의 조력자를 가진 1명의 천재 모델을 따를 때가 많다고 이야기한다. 그런데 후자의 경우 1명의 천재가 그 조직을 떠날 경우 모든 것이 실패로 돌아갈 수 있다는 것이다. 그는 이러한 사실을 근거로 '사람이 먼저, 일은 그 다음'이라는 주장을 제기했다.

　한편, 콜린스는 같은 책에서 버스에 태울 사람을 판단하는 세 가지 실전 지침도 제시하고 있다. 첫째, 의심스러울 때에는 채용하지 말고 지켜보고, 둘째 사람을 바꿀 필요가 있다고 인식되면 즉시 실행하며, 셋째 최고의 인재를 문제가 가장 큰 곳이 아니라 기회가 가장 큰 곳에 배치하라는 것이다.

《삼국지》에서 오나라를 세우고 초대 황제에 오른 손권孫權은 역사적으로 좋은 인재를 고루 등용하고 그들을 적재적소에 배치해 활용함으로써 큰 성과를 이루어냈다고 평가받는 인물이다. 이처럼 인재 활용에 관한 한 누구보다 탁월한 능력을 보였던 손권은 나라를 경영하는 데 있어서 다음과 같은 식견을 가지고 있었다.

여러 사람의 힘을 쓸 수 있다면 천하에 대적할 자가 없고, 여러 사람의 지혜를 쓸 수 있다면 성인의 지혜도 두렵지 않다.

모든 것이 안정적인 상황에서는 1명의 천재와 1,000명의 조력자 모델이 힘을 발휘할 수 있다. 하지만 지금 우리는 인류 역사상 가장 극심한 변화가 예고되는 100년을 눈앞에 두고 있다. 어쩌면 지금 우리에게는 어벤져스 같은 팀이 필요할지 모른다. 다만 이러한 팀이 성과를 내기 위해서는 서로 허심탄회한 의사소통이 가능해야 한다는 전제가 있어야 한다.

따뜻한 한마디의
말이 만드는 거대한 결과

    때로는 진정성이 느껴지는 따뜻한 말 한마디가 그 어떤 물질적 보상보다도 강하게 구성원들의 동기를 자극하기도 한다. 그럼에도 불구하고 현장의 많은 리더들이 쑥스럽다는 생각으로 구성원들에게 그러한 말을 건네기를 주저하거나, 심지어 그러한 말들이 리더의 권위를 떨어뜨린다는 착각에 빠지곤 한다. 이러한 리더라면, 다음과 같이 한마디 격려의 말로 박지성을 세계적인 축구 선수로 성장시킨 히딩크 감독의 사례를 보면서 생각의 전환을 고민해볼 필요가 있을 듯하다.

 박지성은 어릴 적부터 왜소한 체구 때문에 크게 눈에 띄지 않는 선수 생활을 보냈었다고 한다. 그럼에도 불구하고 그는 자신의 신체적 불리함을 그의 표현처럼 '깡다구' 하나로 버텨내면서 그저 열심히 하는 것이 미덕이라는 생각으로 선수 생활을 이어갔다. 그런 그에게 어느 날 국가대표에 선발되는 기회가 찾아왔다. 훗날 '두 개의 심장'이라는 별명을 얻었듯, 그가 가진 뛰어난 체력을 인정받은 결과였다. 하지만 기쁨도 잠시, 그는 2002년 월드컵을 앞두고 다리에 부상을 당하는 불운을 겪게 되었다. 그런데 당시 부상 때문에 실의에 빠져 혼자 탈의실에 앉아 있던 그에게 히딩크 감독이 찾아와서 통역관을 통해 이런 말을 전달했다고 한다.

 "박지성 씨는 정신력이 훌륭하답니다. 그런 정신력이면 반드시 훌륭한 선수가 될 수 있을 거라고 감독님께서 말씀하셨습니다."

 그는 훗날 그때 들은 이 한마디의 말이 축구 신동이나 천재라는 말보다 기분을 황홀하게 만들어 주었다고 회상했다. 그리고 월드컵 내내 그 말을 가슴에 품고 경기에 임한 결과 월드컵 4강 신화의 주역이 될 수 있었다. 한편, 그는 월드컵 이후에는 히딩크 감독이 이끄는 PSV 아인트호벤으로 이적해 맹활약함으로써 스승에게서 받은 감사함에 보답하기도 했다.

 석가모니가 수행을 끝내고 세상에서 도를 펼치던 시절, 어떤 사람이 그를 찾아와 이런 마음을 호소했다고 한다.

"저는 하는 일마다 되는 것도 없고, 아무것도 가진 게 없어서 남을 도와줄 수도 없습니다."

그러자 석가모니는 그 사람에게 다음과 같이 아무것도 가진 게 없어도 남을 도와줄 수 있는 일곱 가지 방법無財七施을 알려주었다고 한다.

① **안시(顔施)** : 밝고 웃는 얼굴로 상대방을 대하는 것
② **언시(言施)** : 격려, 칭찬 등의 좋은 말을 해 주는 것
③ **심시(心施)** : 따스한 마음으로 대하는 것
④ **안시(眼施)** : 긍정적인 눈빛으로 대하는 것
⑤ **신시(身施)** : 무거운 물건을 함께 들어주는 등 몸으로 돕는 것
⑥ **좌시(座施)** : 자리를 양보해 주는 것
⑦ **찰시(察施)** : 상대의 마음을 헤아려 주는 것

석가모니가 활동하던 2,500여 년 전이나 지금이나 인간 관계의 본질은 변할 것이 없다. 밝은 표정과 따스한 눈빛으로 나를 바라보며 격려의 말을 건네는 사람에게 고마움을 느끼지 않을 사람이 어디 있겠는가. 반면에 매일 심각한 얼굴로 구성원들의 인사조차 제대로 받아주지 않는 리더에게는 구성원들 역시 마음의 문을 열지 않기 마련이다. 이와 관련해《성공하는 사람들의 7가지 습관》의 저자 스티븐 코비Stephen Covey 박사는 후자와 같이 리더가 마음

을 인색하게 쓰는 것을 '감정 계좌의 지출'이라고 표현하고, 반대로 석가모니의 가르침처럼 마음을 쓰는 것을 '감정 계좌의 수입'이라고 표현하기도 했다.

한 설문 조사 결과를 보면 직장인들이 리더에게서 가장 듣고 싶어 하는 말이 "수고했어!"라고 한다. 별로 특별할 것도 없는 이 한 마디의 말을 직장인들이 그토록 듣고 싶어 한다는 현실이 그저 안타까울 따름이다. 이제라도 많은 리더들이 '말 한마디로 천 냥 빚을 갚는다'라는 속담을 머릿속에 머무는 지식이 아닌, 구성원들에게 마음을 전하는 지혜로 승화시키기를 바라는 마음이다.

일하기 좋은
기업의 조건

경영 용어 중에 'GWP Great Work Place'라는 것이 있다. 말 그대로 '일하기 좋은 기업'을 의미한다. 이 용어는 1990년대 후반 미국의 로버트 레버링Robert Levering 박사가 경제 전문지 〈포춘Fortune〉에 뛰어난 재무 성과를 올리는 기업의 기업 문화에 대해 연구한 결과를 발표하면서 거론한 것으로, 이후 이 개념이 '포춘 선정 100대 기업'을 선정하는 기준이 되기도 했다. 레버링 박사는 '만족도가 높은 회사는 연봉과 복지 수준이 높을 것이다'라는 가설을 가지고 이 연구를 시작했다고 한다. 하지만 조사 결과 일관성이 발견되지 않아 다시 조사해본 결과 다음 세 가지 요소를 갖추고 있는 기업이 결국 일하기 좋은 기업GWP이 된다는 사실을 발견했다.

- **Trust** : 상사와 구성원 간의 신뢰
- **Fun** : 구성원들이 재미있게 일할 수 있는 분위기
- **Pride** : 자신이 하는 일에 대한 자부심

이것은 결국 리더가 '감성 경영'을 실천했을 때 일하기 좋은 조직을 만들 수 있다는 사실을 의미한다. 하지만 아직까지는 상당수의 리더들이 사람을 움직이는 핵심 요인이 보상에 있다고 생각하는 경향이 강한 듯하다. 이에 대해 조직 행동 분야의 권위자인 스티븐 P. 로빈슨Stephen P. Robbins 교수는 그의 저서《조직 행동론》을 통해 '감정은 사람의 자연스러운 일부여서 직장에서도 감정을 분리시키기 불가능한데, 경영자들이 사람을 합리적인 존재로만 가정하는 실수를 자주 범한다'고 이야기한다.

감성 경영의 토대를 이루는 요소는 바로 '신뢰'다.《논어》를 보면 제자 자공이 공자에게 '나라를 다스리는 법이 무엇이냐고' 묻는 대목이 나온다. 이런 질문에 공자는 '경제와 군사와 신뢰'라고 답하고, 이어 다시 자공이 '그 중에 무엇부터 버려야 하냐'고 묻자 '제일 먼저 군사, 다음에 경제'라고 답한 후 마지막으로 '신뢰가 없

이는 서 있을 수조차 없다'고 이야기했다. 국가든 기업이든 가정이든 리더가 신뢰를 얻지 못하면 단 한 발짝도 앞으로 나아갈 수 없음을 강조한 것이다.

신뢰 다음으로 중요한 감성 경영의 요소는 리더의 동감 능력이다. 애덤 스미스 Adam Smith, 1723~1790는 그의 저서 《도덕감정론》을 통해 '동감'의 의미를 이렇게 표현했다.

● 우리는 타인이 느끼는 것을 직접적으로 체험할 수도 없고, 따라서 그들이 어떻게 느끼고 있는지 알 수도 없지만, 상상을 통해 우리가 그와 유사한 상황에 처해 있다면 어떻게 느끼게 될지를 상상할 수는 있는데, 이것을 '동감(同感, sympathy)'이라고 한다.

《도덕감정론》, 애덤 스미스, 박세일·민경국 역, 비봉출판사

결국 리더가 역지사지易地思之의 마음을 가져야만 구성원들의 감정을 이해할 수 있다는 뜻이다. 그리고 이러한 리더의 '동감 능력'에 따라 '재미있게 일하는 분위기'와 '일에 대한 자부심'이 만들어진다.

《초한지楚漢志》를 보면 법가法家의 가르침에 따라 백성의 이기심을 법령과 규율로 다스렸던 진시황의 진秦나라는 십수 년만에 망한 반면, 유학의 가르침에 따라 인간의 양심을 믿고 백성들을 인仁과 예義로 다스린 유방의 한漢나라는 수백 년을 이어갔다는 내용

이 나온다. 이러한 사례처럼 리더가 구성원들의 양심을 믿고 지속적으로 신뢰 경영과 감성 경영을 실천했을 때 어떠한 보상과 시스템으로도 얻을 수 없는 강력한 동기 요인을 끌어낼 수 있다. 이를 위해 리더는 조직 내부에 신뢰Trust, 즐거움Fun, 자부심Pride이라는 세 가지 요소가 얼마나 갖춰져 있는지 항상 살펴보아야 한다.

나눌수록 커지는 공유경제의 비밀

　전 세계적으로 같은 분야에서 경쟁하는 기업끼리 치열한 특허 전쟁을 벌이는 모습은 이제 우리에게 매우 익숙하게 다가온다. 그런데 어느 순간부터 비즈니스 공간 내에 이러한 상황을 역행하는 '공유경제'라는 개념이 스며들기 시작했다. 공유경제는 2008년 하버드대학의 로렌스 레식Lawrence Lessig 교수가 처음 사용한 용어로, 원래는 '물건을 소유하지 않고 서로 빌려 쓰는 경제 활동'이라는 의미로 사용했다. 그런데 최근에는 이 개념이 특정 기업이 자신들이 보유한 특허나 소스를 개방하는 방식으로 확장되는 추세이다.

이러한 의미에서의 공유경제를 시도한 대표적인 사례가 바로 리눅스LINUX의 '오픈 소스Open Source' 전략이다. 오픈 소스란 소프트웨어 등을 만들 때 그 소프트웨어가 어떻게 만들어졌는지 알 수 있도록 일종의 프로그래밍 설계 지도를 무료로 공개하고 배포하는 방식을 말한다. 리눅스는 이러한 전략을 통해 당시 OSOperating System 시장을 장악하고 있던 마이크로소프트Microsoft를 위협하는 존재로 성장했다. 또한 오픈 소스 프로그램을 이용하는 개발자들의 '집단 지성Collective Intelligence'을 활용해 프로그램의 오류를 개선하는 효과까지 얻을 수 있었다.

최근에는 전기 자동차를 제조하는 테슬라와 수소연료 전지차 개발에 힘쓰고 있는 도요타Toyota가 산업의 판을 키우겠다는 명목으로 그들이 보유한 특허를 개방한 사례가 있었다. 물론 이들의 특허 개방을 두고 일부에서는 별로 얻을 게 없는 속 빈 강정이라거나, 자사의 이미지를 높이기 위한 꼼수라고 폄하하는 분석도 있다. 하지만 분명한 것은 회전의자에 앉아 작은 것 하나라도 더 얻거나 잃지 않기 위해 계산기를 두드리는 리더는 결코 이런 결단을 하지 못할 것이라는 사실이다.

현재 세계 2위의 금광 업체인 골드코프Goldcorp는 1990년대 후반 폐업 위기에 직면한 적이 있었다. 당시 이 기업이 반세기 넘게 채굴해온 레드 레이크 광산이 고갈되었다는 진단을 받은 네에다가, 새로운 금광을 찾기 위한 시도도 번번이 수포로 돌아갔기 때문이다. 이때 골드코프의 CEO 롭 맥이웬Rob Mcewen은 우연히 MIT 강연회에 참석했다가 리눅스의 오픈 소스 전략에 대한 정보를 듣고 다음과 같은 아이디어를 얻었다고 한다.

'리눅스의 오픈 소스 전략처럼 우리도 외부 광산 전문가들과 함께 공개 탐사를 해보면 어떨까?'

그때까지의 금광 산업은 업체 간의 정보 공개나 협력을 극도로 꺼리는 매우 배타적인 분야였다. 맥이웬은 이러한 관행을 과감히 깨버리는 변화를 시도하고자 한 것이다. 당연히 엄청난 내부 반발이 있었지만, 그는 여기에 굴하지 않고 자사의 지질 데이터를 외부에 공개한 후 57만 달러의 상금을 걸고 금 찾기 콘테스트를 벌였다. 반응은 실로 놀라웠다. 전 세계 50여 국가에서 1,000여 명이 넘는 지질 전문가, 컨설턴트, 수학자, 대학원생들이 참가를 신청한 것이다. 심지어 골드코프의 경쟁사 직원들까지도 대거 이 콘테스트에 참가하겠다고 나섰다. 여기에 참여한 사람들은 물리학, 인공지능, 컴퓨터 등 다양한 방법을 총동원해 금광 찾기에 나섰고, 그 결과 무려 110곳의 후보지를 찾아냈다. 그 중 절반은 골드코프에서도 전혀 모르던 곳이었다고 한다. 결과적으로 골드코프는 이 콘테스트를 통해 220톤의 금을 찾아냈고, 그 후 동일한 방법을 통해 기존 1억 달러 정도에 불과했던 실적을 무려 90억 달러까지 끌어올릴 수 있었다.

앞으로는 이러한 공유경제가 세계적인 대세로 이어질 가능성이 크다. 현재 많은 경영자들이 산업 전반을 특정 기업이 홀로 독식하며 끌고 가는 데에는 한계가 있다는 인식을 함께하고 있기 때문이다. 다만 이러한 공유경제에도 나름의 원칙이 있다. 바로 정보나 특허를 공유하는 조직과 조직, 또는 조직과 개인이 같은 비전을 공유하고 수익을 함께 나누겠다는 정신을 발휘해야 한다는 점이다. 예를 들어 이것을 큰 기업이 작은 기업의 기술을 빼내기 위한 방편으로 활용된다면 공유경제의 의미가 크게 퇴색될 수밖에 없다.

물론 변화무쌍한 경영 세계에서 공유경제만이 정답이라고 생각할 수는 없다. 공유경제 역시 다른 경영 전략과 마찬가지로 긍정과 부정의 양쪽 측면을 모두 가지고 있기 때문이다. 하지만 조직의 새로운 활로를 고민하는 리더라면 '나눌수록 판이 커지는' 상생의 시너지를 믿고 과감히 추진해볼 만한 전략임에는 틀림없다.

THE LEADER

勇
용
Courage

모르는 것을
모른다고 하는 용기

 소위 카리스마형 리더들은 간혹 '리더가 똑똑해야 구성원들이 존경하고 따른다'는 착각에 빠지곤 한다. 이런 리더들은 대부분 구성원들의 의견을 경청하기 보다는 '내가 해봐서 아는데 그거 안 돼' 하는 식으로 자신의 성공 경험을 최우선적인 판단의 잣대로 삼는 경향이 강하다. 그런데 그러한 잣대가 수많은 성공 경험을 바탕으로 얻은 것이라면 그나마 다행이지만, 만일 한두 번의 성공 경험을 맹신함으로써 생긴 것이라면 그로 인해 조직에 큰 피해를 불러올 수도 있다.

프랑스의 기술자이자 외교관이었던 레셉스Ferdinand Marie Vicomte de Lesseps, 1805~1894는 1869년에 아시아와 유럽을 잇는 수에즈 운하를 10년에 걸친 공사 끝에 완공시킴으로써 세계적인 명성을 얻은 인물이다. 그는 여기서 자신감을 얻어 1881년에는 태평양과 대서양을 잇는 파나마 운하 공사에 도전했다. 당시에 그는 이 공사를 '7년 만에 완공하겠다'고 호언장담했다고 한다. 하지만 불행히도 수에즈 운하 때의 성공 경험이 오히려 그에게 독으로 작용하고 말았다. 그는 공사 초기 주변에서 파나마 운하는 수에즈운하 때와 기후나 굴착 여건이 달라 공사 방법을 바꿔야 한다고 주장했지만, 운하 건설에 있어서만큼은 자신이 세계 최고라는 생각으로 모두 묵살해버렸다. 그 결과 공사 진척이 느려졌고, 여기에 말라리아 때문에 무려 2만 5,000여 명의 인명이 손실되는 사고까지 발생했다. 결국 그는 이러한 일들로 인해 공사 착공 9년 만에 파산을 선언하고 법정에 서는 입장에 처하고 말았다.

세상의 모든 성공 조건은 환경과 시대의 변화에 따라 달라지기 마련이다. 따라서 리더가 레셉스와 같은 오류에 빠지지 않으려면 항상 '나는 잘 모른다'는 겸손한 자세를 가질 필요가 있다. 그러한 자세로 다른 사람의 의견을 경청하는 리더에게는 구성원들이 자발적으로 도와주고 싶어 하기 마련이다. 《노자》에서는 이것을 '물이 아래로 흐르는 이치'라고 했다. 그리스의 철학자 소크라테스

Socrates, BC 470~399는 델포이 신탁神託에서 자신이 이 세상에서 가장 현명한 사람이라는 신탁이 나왔다는 말을 듣고 이렇게 이야기했다고 한다.

내가 아무 것도 모른다는 단 한 가지만을 안다는 것을 신께서 기리신 것이다.

성공은 실력뿐만 아니라 운이 작용해야 이룰 수 있는 경우가 많다. 그런데 이 운이라는 게 어디서 어떻게 다가올지는 아무도 장담할 수 없다. 그런데 많은 리더들이 마치 이것을 알고 있다는 듯이 큰소리를 치다가 결국 헛발질을 하고 넘어지는 결과를 얻곤 한다. 공자는《논어》를 통해 이처럼 모르는 것을 모른다고 말하기 부끄러워하는 리더들에게 다음과 같은 교훈을 들려주고 있다.

아는 것을 안다고 하고 모르는 것을 모른다고 하는 것. 이것이 아는 것이다.

《논어》

진정한 카리스마는 리더가 '나는 모른다'라는 사실을 인정하고, 다른 사람들에게 도움을 구하는 자세를 보였을 때 비로소 느껴지는 것이다.

리더는 땅에 발을 디디고 별을 보는 사람이다

　현실성이 없는 이야기들을 늘어놓는 사람을 우리는 '허풍쟁이'라고 부른다. 어쩌면 현실감각이 떨어지는 비전이나 목표를 제시하는 리더를 바라보는 구성원들의 생각도 이와 비슷할지 모른다. 예를 들어 리더가 당장 다음 달이면 조직의 자금줄이 바닥나는 현실을 무시하고, 1년 뒤에 신제품이 나오면 시장을 제패할 수 있다고 큰소리 친다면 어떤 구성원이 그를 믿고 따르겠는가.
　미국의 역사가 앤드류 로버츠Andrew Roberts는 그의 저서 《CEO

히틀러와 처칠, 리더십의 비밀》을 통해 2차 대전에서 적장으로 부딪쳤던 두 명의 지도자가 보여준 상반된 리더십의 모습을 조명해 주었다. 먼저 현실주의자였던 영국의 수상 처칠Winston Leonard Spencer Churchill, 1874~1965은 전쟁 초기 독일의 공세가 거세지자, 국민 앞에 나아가 조국이 풍전등화의 위기 속에 빠져있다는 사실을 솔직하게 고백하고, 국민들의 피와 땀과 눈물을 바란다는 취지의 연설을 함으로써 국민들의 애국심을 불러일으켰다.

반면에 히틀러Adolf Hitler, 1889~1945는 전쟁 내내 비현실적이고 사악한 비전을 반복적으로 강조함으로써 자신을 '숭배의 대상'으로 만드는 데에만 혈안이 되었다. 심지어 그러한 이미지를 만드는 데 방해가 된다는 이유로 심각한 근시였음에도 불구하고 절대 안경을 쓰지 않았다고 한다. 이에 반해 그는 정치나 행정 등에 대해서는 그다지 큰 관심을 두지 않았다. 자신이 전체적인 목표만 제시하고 나머지는 다 밑에서 알아서 하라는 식이었다. 그러다 보니 과도한 충성 경쟁으로 인해 부하들 간의 마찰이 자주 일어났었다고 한다.

한편, 전쟁 후반기에 이르러 독일의 승세가 꺾이고 연합군의 승기가 굳어지자 처칠과 히틀러는 또 다른 모습을 보여주었다. 전쟁 초기 독재적이라는 표현이 어울릴 정도로 아주 사소한 것까지 챙기는 모습을 보였던 처칠은 자신의 전략이 번번이 빗나가자 이를 인정하고 현장의 장군들에게 과감하게 지휘권을 위임하는 결단을 내렸다. 반면에 히틀러는 지금껏 야전 사령관들의 활약으로 승기를 이어올 수 있었다는 사실을 부인하고 그들의 지휘권을 박탈해 버렸다.

현실에서도 히틀러의 방식으로 조직을 이끌어가는 리더들이 상당히 많다. 즉, 처음 조직을 꾸릴 때에는 비전과 꿈을 강조하고 부하에게 막연한 위임을 하다가도, 막상 조직이 위기에 처하면 그제야 사사건건 간섭하고 책임을 전가하는 태도를 보이는 것이다. 이러면 결국 조직 내부에 갈등이 일어나고 리더의 비전마저 흔들리는 결과가 초래된다.

물론 조직을 어떤 식으로 운영하느냐는 전적으로 리더의 판단에 달린 몫이다. 하지만 이때 리더가 현실에 대한 판단을 잘못할 경우 히틀러와 같은 파국을 맞을 수도 있다. 물론 리더가 신은 아니기에 언제든 현실 판단에 실패할 가능성이 있다. 이럴 때에는 처칠이 보여주었듯이 자신의 실수를 솔직히 인정하고, 비전을 중심으로 구성원들의 의견을 모아 방향을 재설정해야 한다.

한편, 현실 판단 능력이 부족한 리더들은 흔히 최상의 가정을 근거로 일을 진행하는 실수를 저지르곤 한다. 모두가 어렵다고 해도 나만은 운이 따를 것이라고 생각하기 때문이다. 하지만 현실에서 이들의 바람대로 일이 진행되는 경우는 거의 없다. 리더가 이러한 오류에 빠지지 않으려면 어떤 일을 진행하든 사전에 '최악의 가정' 하에서도 문제가 없을 정도의 계획을 세워놓아야 한다.

드라마 〈미생〉에서 최 전무와 오상식 차장은 마치 히틀러와 처칠처럼 극단적으로 다른 리더십을 보여주는 인물로 묘사되었다. 그런데 어느 날 독재적인 리더십으로 권좌를 유지했던 최 전무가 몰락하는 사건이 일어났다. 그가 편법을 동원해 중국과의 거래를 무리하게 시키려고 했던 일이 드러난 것이다. 결국 이 일로 인해 계열사로 좌천을 당하게 된 최 전무는 본사를 떠나며 오 차장에게 이런 말을 남긴다.

"모두가 땅을 볼 수밖에 없을 때 구름 넘어 별을 보려는 사람을 임원이라고 하더군. 나는 구름에 오르기 위해서는 땅에서 두 발을 떼도 상관없다고 생각했지. 하지만 이번에 확실하게 깨닫게 됐다. 그럼에도 불구하고 회사가 원하는 임원이란 두 발을 땅에 굳게 딛고서도 별을 볼 수 있는 거인이란 걸."

처칠과 히틀러의 모습을 이 대사에 빗대자면, 처칠은 땅에 발을 디디고 별을 볼 줄 아는 리더였다면, 히틀러는 땅에서 발을 떼고 별을 보려고 한 리더였던 셈이다. 직시直視! 말 그대로 현실을 현실 그대로 인정하는 것. 이것이 바로 조직의 구성원들이 리더의 손가락 끝이 아닌 가리키는 곳을 바라보게 만드는 덕목이다.

'최초'라는 단어의 권리는 실천하는 자만이 누릴 수 있다

'최초'라는 단어는 매우 특별한 의미를 가진다. 특히 최초의 전화기, 최초의 자동차, 최초의 비행기 등에 붙는 '최초'라는 단어에는 '그것이 곧 역사'라는 의미가 포함되어 있다. 이러한 의미에서의 '최초'라는 수식어가 특별한 또 하나의 이유는, 세상에 새로운 것을 내놓기 위한 도전을 용기 있게 실천하는 사람만이 그 사용 권리를 누릴 수 있다는 데 있다.

역사적으로 이러한 권리를 누리기에 가장 적합한 인물로는

'최초의 미국인'이라고 불리는 벤저민 프랭클린Benjamin Franklin, 1706~1790을 꼽을 수 있다. 무려 열일곱 명의 자녀를 둔 집안에서 태어난 프랭클린은 어린 시절 교육도 제대로 받지 못하고 양초와 비누를 만들어 팔던 아버지의 가게에서 견습공으로 일했다고 한다. 그러다 열일곱 살 때 집을 탈출해 고향 보스턴에서 필라델피아로 건너간 프랭클린은 그곳에 있는 인쇄소의 견습공으로 들어갔다. 그리고 그는 이때부터 낮에는 열심히 일하고 밤에는 책을 읽으며 공부하는 성실한 삶을 살아감으로써 주변 사람들로부터 높은 신뢰를 얻게 되었다.

그로부터 몇 년 후, 프랭클린은 그의 성실함을 높이 산 주변 사람들의 도움으로 직접 인쇄소를 운영하게 되었고, 이곳에서 출판한 〈가난한 리처드의 연감Poor Richard's Almanac〉이라는 잡지가 선풍적인 인기를 얻게 되면서 큰돈을 벌게 되었다.

이렇게 인쇄업 등에서 큰 성공을 거둔 프랭클린은 그 후 사회사업에 뜻을 두고 자신이 번 돈을 여러 학교, 도서관, 병원, 소방서 등에 투자했다. 또한 그는 이때 필라델피아대학을 설립해서 직접 초대 총장을 맡기도 했다.

한편, 프랭클린은 아메리카 식민지(독립 전 미국)의 정치가로 활동하며 여러 업적을 남기기도 했다. 대표적으로, 영국이 부과하던 식민지 인지세의 철폐를 주도했으며, 미국 독립선언문 작성의 주역으로 활동함으로써 '건국의 아버지'라는 칭호를 얻기도 했다. 또한 파리 주재 미국대사로 있을 때에는 프랑스 정부를 설득해서 그들이 미국 독립전쟁을 군사적으로 지원하고 나아가 직접 참전하게 만들기도 했다.

  마흔두 살 되던 해에 사실상 모든 사업에서 은퇴한 프랭클린은 그때부터 평소 깊게 관심을 두던 과학 연구에 매진했다고 한다. 이 시기에 그가 만들어낸 대표적인 발명품이 바로 피뢰침이다. 당시 미국에서는 낙뢰로 인한 피해가 빈번하게 발생했는데, 그는 이러한 피해를 줄일 목적으로 피뢰침 연구를 시작했다고 한다. 그러다 그는 번개가 칠 때 튀는 불꽃을 보고 '번개는 전기다'라는 가설을 세운 후, 그 가설을 입증하기 위해 폭풍우가 칠 때를 기다려 철사를 매단 연을 하늘로 띄워 올렸다. 번개가 칠 때 그 철사줄을 통해 전기가 전달되도록 고안한 것이다. 이런 그의 행동은 영화 〈트위스터〉에서 토네이도를 연구하는 과학자들이 토네이도가 몰아치는 벌판으로 차를 몰고 간 행동만큼이나 위험천만한 것이었다. 그렇게 몇 번에 걸쳐 목숨을 건 실험을 하던 중 드디어 번개가 연을 때렸고, 그는 그때 일어나는 현상이 전기의 방전 현상과 동일하다는 사실을 확인한 끝에 피뢰침을 발명해낼 수 있었다.

  서머 타임Summer time을 처음 주장한 사람도 프랭클린이었다. 그는 파리에서 미국대사로 활동하던 때 여름철에 수많은 파리의 가게에서 귀한 양초가 낭비되는 것을 보고 여름철에 시계를 표준시보다 한 시간 앞당겨놓는 서머타임을 제안했다고 한다.

이처럼 수많은 '최초의 역사'를 남긴 프랭클린의 업적의 중심에는 '실천하는 용기'라는 덕목이 자리 잡고 있었다. 프랭클린이 생전에 작성한 노트를 살펴보면, 그가 이러한 덕목을 중요시했다는 사실을 확인할 수 있다. 그는 노트를 일곱 칸으로 나눈 뒤, 칸마다 열세 줄을 긋고 열세 개의 덕목(절제, 질서, 절약, 정의, 순결, 침묵, 청결, 겸손, 결심, 근면, 성실, 평정, 중용)을 적어 넣었다. 그리고 그것을 실천하지 못하면 검은 점을 찍어 표시했는데, 13주가 지나도록 수첩이 깨끗하면 말할 수 없는 행복감을 느꼈다고 한다.

일본 교세라그룹의 이나모리 가즈오 회장은 그의 저서 《카르마 경영》에서 자신이 새로운 발명품을 만들 수 있었던 이유는 자신의 재능 때문이 아니라, 자신이 그것을 만들기 위해 정열을 불태우며 진지하고도 지속적인 노력을 할 때 신이 갈 길을 알려 주기 위해 '지혜의 창고'에서 한줄기 광명을 주었기 때문이라고 이야기했다. 이러한 이나모리 회장의 말은 다음과 같이 우리가 잘 알고 있는 한마디 말로 함축해볼 수 있다.

'하늘은 스스로 돕는 자를 돕는다.'

즉, 고민을 고민으로 끝내지 않고 그것을 실현하거나 개선하기 위해 실천하는 사람만이 결국 하늘의 도움, 즉 운도 거머쥘 수 있다는 의미다. 역사 속에 '최초'의 산물을 남긴 사람들은 대부분 바로 이러한 공통점을 가지고 있었다.

전장에서는 항상 가볍고 빠르게 움직여라

　많은 미래학자들이 앞으로는 지식의 사용연한이 3년 정도에 불과해질 것이라고 경고하고 있다. 한마디로 하나의 유행이 또 다른 유행에 밀려나고, 하나의 지식이 또 다른 지식에 자리를 내어주는 현상이 우리가 미처 인지하지 못할 정도의 빠른 속도로 진행된다는 것이다. 이것은 결국 '속도'라는 요소가 앞으로 조직 운영에 있어서 가장 중요한 변수로 작용할 것임을 시사한다.

　역사 속에서 수隋나라와 몽골 부족이 선생에 내저한 사례를 비교해보면 속도의 차이가 얼마나 다른 결과를 초래할 수 있는지를 알 수 있다. 먼저 수나라의 사례부터 살펴보자.

한때 고구려와 평화적 관계를 유지했던 수나라 양제煬帝, 569~618는 어느 순간부터 고구려가 은밀히 돌궐과의 연대를 도모하고 있었음을 간파했다. 이를 괘씸하게 생각한 수 양제는 치밀한 준비 끝에 정규군만 100만, 보급 인원 포함 총 400만 대군을 이끌고 고구려를 공격해 들어갔다. 그런데 준비 과정이 지나치게 치밀했다는 것이 오히려 독이 되고 말았다. 완전한 준비를 하려다 보니 보급선補給線이 너무 길어졌고, 이러한 보급선을 유지하기 위해 들어가는 인원과 물자도 엄청났다. 게다가 고구려가 후퇴하는 척하며 지구전을 벌이자 보급선이 더욱 길게 늘어지면서 엉뚱한 상황이 벌어지기도 했다. 긴 이동경로에 지친 수나라 병사들이 과중하게 지급된 개인 장비와 군수품을 몰래 버림으로써 나중에는 오히려 물자 부족으로 더 이상 진군할 수 없게 되는 사태가 발생한 것이다.

을지문덕乙支文德은 수나라의 이러한 약점을 정확히 간파해 그들이 진군하는 지역의 모든 식량을 없애는 청야전술淸野戰術을 통해 그들을 더욱 굶주리게 함으로써 결국 수나라 군대가 퇴각하도록 만들었다. 그리고 퇴각하는 수나라 수군을 살수薩水에서 공격함으로써 대승을 이끌어낸 것이다. 결국 수나라는 살수에서 당한 대패를 계기로 서서히 멸망의 길을 걷게 되었다.

반면에 징기스칸Chingiz Khan, 1162~1227이 이끌었던 몽골 기병騎兵

의 활약상은 전쟁터에서 운신의 가벼움을 전략적으로 가장 잘 활용한 사례로 꼽힌다. 몽골 기병의 보급 원칙은 철저한 현지조달이었다. 이들은 현지조달이 어려울 경우 기병이 끌고 다니던 여분의 말을 잡아먹어가며 진군을 이어갔다. 그러다 보니 적진에서 몽골 기병이 쳐들어온다는 말을 들을 때쯤에는 이미 그들과 눈앞에서 마주할 정도였다고 한다. 이러한 전략으로 몽골 부족은 채 10만 명이 되지 않는 소수의 병력으로 유라시아 전역을 정복할 수 있었다. 이와 관련해《손자병법》에서도 '적에게서 취하는 식량 한 종은 아군의 식량 이십 종에 해당한다'는 말로 현지조달의 중요성을 강조했다.

지금의 변화 속도를 감안하면 앞으로 덩치가 크고 매뉴얼 중심으로 움직이는 조직은 마치 빙하기의 공룡처럼 멸종 위기에 처할지도 모른다. 복잡한 이해관계로 인해 의사결정 시간이 늘어나고, 매뉴얼과 시스템상의 적합성 등을 따지다 보면 어느새 유행은 흘러가고 이미 시장은 한 발짝 앞서 나가 있을 것이기 때문이다. 물론 매뉴얼도 중요하다. 하지만 지금은 리더가 구성원들이 변화에 부딪쳤을 때 매뉴얼에 의지하지 않고 빠르고 정확하게 판단하고 실행할 수 있도록 조직 문화를 바꿔나가는 데 초점을 맞춰야 할 때이다.

이러한 조직 문화를 대표하는 기업이 바로 구글Google이다. 현 구글의 회장인 에릭 슈미트Eric Schmidt 등이 공저한 책《구글은 이떻게 일하는가》에 나오는 다음 구절을 보면 그들의 조직 문화를 단편적으로 이해할 수 있다.

● 대부분의 프로젝트는 1에서 5까지 등급을 정해 우선순위를 매겼지만 '새로운, 참신한'이라든가 '비밀 실험실'로 분류한 분야도 있었다. 이보다 더 장기적인 계획에 대해서는 필요하다는 인식도 없었고 그런 개념조차 없었다. 뭔가 더 중요한 문제가 불거지면 엔지니어들이 해결하고 프로젝트 목록에 맞추는 식이었다. 기술을 강조하는 이런 경향은 경영진이 확대되었을 때에도 계속되었다.

결국 구글이 추구하는 조직 문화의 핵심은 매뉴얼이나 우선순위에서 빠져 있는 사안이라도, 구성원의 자율적인 판단에 따라 더 중요하다고 생각되는 일이 발생하면 그것을 우선적으로 실행한다는 것이다. 또한 이 책의 다른 부분을 보면 이 기업이 다른 기업과의 경쟁에 있어서도 동일한 조직 문화로 대응해 왔음을 알 수 있다.

● 마이크로소프트의 공세를 차단하는 길은 우수한 제품 개발에 끝없이 매진하는 길뿐임을 알았다. 동시에 우수 제품을 개발하는 최선의 방법은 미리 계획서를 작성하는 게 아니라 가능한 한 최고 수준의 엔지니어를 고용해 그들을 방해하지 않는 것임을 이해하게 되었다. 우리는 창업주들이 이 새로운 시대에 대처하는 법을 직관적으로 파

약하고 있다는 것을 알았다.

보통 조직의 덩치가 작을 때에는 한 사람이 여러 기능을 수행하기 때문에 불필요한 일을 할 겨를이 없다. 하지만 덩치가 커질수록 문서로 이루어지는 작업과 관리 업무들이 큰 덩치만큼이나 늘어나게 된다. 이것이 조직이 세밀화될수록 속도와 탄력이 떨어지는 이유이다. 불요불급不要不急한 일을 최소화하고, 구성원들의 자율성을 과감히 허용하는 것. 이것이 속도 경쟁에서 승기를 가져오는 가장 효과적인 방법이다.

귀에 쓴 말을
소중하게 받아들이는 용기

리더는 조직에서 일어나는 모든 상황을 판단하고 결단해야 하는 자리에 있는 사람이다. 그 과정에서 때로는 대를 위해 소를 희생시키는 결단을 해야 할 때도 있다. 그럴 때면 당연히 여기저기에서 귀에 쓴 소리와 불평불만이 쏟아진다. 불행히도 많은 리더들이 이런 일들을 겪는 과정에서 스스로의 눈과 귀를 닫아버리는 우를 범하곤 한다.

당唐나라 태종은 역사적으로 '정관의 치貞觀之治'를 이루었다는 칭송을 듣는 지도자이다. 정관의 치란 태종의 연호^{年號}인 '정관'에 '가장 번영했던 시기'라는 의미를 덧붙인 말로, 당대에 강한 국력과 경제적 번영을 이루었다는 의미를 담고 있다. 이런 태종에게는 상대를 가리지 않고 거침없이 직언을 하기로 유명한 위징^{魏徵}이라는 재상이 있었다. 태종은 재능과 덕을 겸비한 위징의 의견을 대체로 잘 들어주었지만, 때로는 왕인 자신에게까지 직언을 서슴지 않는 그의 태도에 엄청나게 화를 내기도 했다. 심지어 태종은 한때 위징을 죽이려는 마음을 품기도 했다. 한 번은 이런 일이 있었다.

어느 날, 태종은 매 한 마리를 진상 받고 몹시 좋아하며 그 매를 팔에 올려놓고 놀고 있었다. 그때 멀리서 위징이 다가오자 태종은 또 쓴 소리를 들을까봐 얼른 매를 품속에 감췄다. 하지만 이미 멀리서 그 모습을 다 지켜보고 있었던 위징은 일부러 태종 주변에서 일을 보는 척 시간을 끌었고, 결국 그 매는 태종의 품속에서 질식해 죽고 말았다.

이런 위징의 행동은 비록 왕이 정사에 집중하기를 바라는 충정에서 비롯되었지만 태종 입장에서는 이것이 곱게 보일 리 만무했다. 하루는 태종이 그런 자신의 마음을 부인인 장손황후에게 드러낸 적이 있었다.

"위징, 그 놈이 또 짐에게 대들었소. 언젠가 그 놈을 꼭 죽일 것이오."

그런데 이 말을 들은 황후는 갑자기 큰 행사 때나 입는 옷으로 갈아입고 궁정 한가운데로 나가 섰다. 태종이 영문을 몰라 이유를 묻자 황후는 이렇게 대답했다.

"군주가 어질고 현명하면 신하들도 충성스럽다고 했습니다. 위징이 그처럼 직언할 수 있는 것은 모두 충성심에서 비롯된 것이며, 그가 그럴 수 있는 것은 모두 폐하의 어질고 현명함을 증명하는 일이오니 어찌 감축 드리지 않을 수 있겠습니까."

그 말을 들은 태종은 비로소 부인의 큰 뜻을 알아채고 크게 기뻐하며 위징에 대한 노여움을 풀었다고 한다.

귀에 쓴 말을 좋아하는 사람이 어디 있겠는가. 리더가 듣기 좋은 말을 하는 사람을 경계하고, 쓴 말을 하는 사람을 싫어하지 않는 것은 어쩌면 허벅지를 칼로 찌르는 고통만큼이나 참기 힘든 일인지 모른다. 하지만 태종의 사례를 보더라도 이런 고통을 참아낸 사람만이 결국 훌륭한 리더의 반열에 오른다는 사실을 기억해야 한다. 태종은 오랜 애증 관계를 이어온 위징이 세상을 떠났을 때 이런 말을 남겼다고 한다.

사람은 구리로 거울을 만들어 의관을 바로잡고, 옛것을 거울삼아 흥망성쇠를 알 수 있으며, 사람을 거울삼아 자신의 득실을 알 수 있다. 위징의 죽음으로 나는 거울 하나를 잃고 말았다.

리더가 이런 마음을 놓치고 듣기 좋은 말에만 귀를 기울이면 아부와 거짓을 일삼는 사람들의 장벽에 둘러싸이게 되고, 결국 그 조직은 공멸의 길을 걸을 수밖에 없다. 당 태종 역시 위징과 방현령이라는 명재상과, 훌륭한 정치고문이었던 장손황후가 세상을 떠난 뒤에는 사치와 방만함을 면하지 못했다고 한다.

《서경》을 보면 다음과 같이 중국 역사상 가장 이상적인 군주로 통하는 순임금은 왕위에 오르자마자 사방으로 귀를 열었다는 기록이 남아 있다.

> 순임금은 사방의 문을 열어놓고, 사방으로 눈을 밝히고, 사방이 잘 들리도록 하셨다.
>
> 《서경(書經)》 순전(舜典) 편

큰 조직일수록 리더가 잘못된 결정을 내리면 리더에게는 문제가 없는데 주변 사람들이 문제라는 말이 나오곤 한다. 하지만 이는 지극히 잘못된 인식이다. 그 사람들을 기용한 사람도 그들에게 권한을 준 사람도 리더이다. 따라서 그로 인한 책임은 결국 리더에게 있다고 보는 것이 올바른 인식이다. 조직을 이끄는 사람이 어떤 말에 귀를 기울이느냐 하는 것이 결국 조직에 어떤 인재가 모여들고, 조직이 어떤 길로 가느냐를 결정하는 법이다.

33 과거의 오류를
과감하게 인정하는 용기

경영 용어 중에 '매몰 비용 sunk cost'이라는 것이 있다. 말 그대로 이미 매몰되어서 다시 회수할 수 없는 비용, 다시 말해 아무 가치도 없이 사라진 비용을 의미한다. 그런데 간혹 조직의 리더가 이 매몰 비용을 아까워 하다가 미래의 기회마저 놓치고 마는 실수를 저지르곤 한다.

1962년, 영국의 브리티시 에어웨이 British Airways와 프랑스의 에어 프랑스 Air France는 초음속 여객기 콩코드를 공동으로 개발하는 작업에 착수했다. 그런데 두 항공사는 개발 과정에서 두 가지 문제점을 발견했다. 하나는 콩코드 여객기를 음속으로 운항할 경우 운항 비용에서 연료비가 차지하는 비율이 지나치게 높아진다는 것이었고, 또 하나는 음속 운항에 따른 큰 소음 때문에 운항 경로가 한정되어 이용 가능한 승객 수가 크게 줄어든다는 것이었다. 그런데 두 항공사는 그러한 문제를 발견한 시점에서 매몰 비용의 함정에 빠지고 말았다. 이미 투입된 막대한 투자 비용을 포기할 수 없다는 생각에 결국 계획대로 콩코드 여객기를 운항하기로 결정한 것이다. 하지만 예상했던 대로 이 항공기가 운항된 이후 지속적으로 대규모 적자가 발생하자, 결국 이들은 2003년에 콩코드 여객기의 운항을 중단하고 말았다. '콩코드의 오류'라는 말이 나올 정도로 유명한 이 사례는 어떤 일의 결과를 손해로 마감하지 않으려는 사람의 마음이 결국 더 큰 손실로 이어질 수 있음을 증명해 주었다.

《스마트한 생각들》의 저자 롤프 도벨리Rolf Dobelli는 이와 관련한 또 다른 사례로 미국의 '베트남 전쟁'을 들고 있다. 즉, 베트남 전쟁 역시 미국 정부가 전쟁을 중단할 경우 이미 전사한 수많은 병사들의 희생을 헛되게 만들 뿐 아니라, 참전을 결정한 국가의 판단 자체가 잘못되었음을 자인하는 셈이라고 생각했기 때문에 지나치게 오래 이어졌다는 것이다.

물론 이미 큰 손해를 본 사업에서 손을 떼고 적절한 선에서 빠져나오다는 것은 어떤 리더에게도 쉽지 않은 결정이다. 하지만 조직의 리더가 과감하게 이러한 결정을 하지 못하면 그 조직의 매몰 비용은 무한정 늘어날 수밖에 없다.

'돌아가기에는 이미 너무 멀리 와 버렸다.'

이것이 바로 수많은 리더들을 매몰 비용의 함정에 빠지게 만드는 가장 큰 이유이다. 이처럼 매몰 비용의 함정에, 과거의 오류에, 통제하지 못하는 상황에 대한 미련과 아쉬움에 빠지려는 순간, 과감히 'OK, 상황 인정!'을 외치고 또 다른 기회에 집중하는 것. 이것이 바로 리더가 보여 주어야 할 진정한 용기이다.

도와 덕이 있는 사람은
만고의 처량함을 취하지 않는다

 최근 여러 정치인과 기업인, 연예인 등이 각종 사건, 사고로 사회적 물의를 일으키다 보니 언론매체에서 '공인으로서의 책임'을 강조하는 기사들이 많이 나오고 있다. 또한 이로 인해 공인의 개념을 어디까지로 볼 것이냐에 대한 여러 사회적 담론이 오가기도 했다. 그런데 이러한 의견들의 공통분모를 살펴보면, 대략 공인의 범주를 '자신의 행동이나 생각이 사회적 영향력을 행사하는 범위 안에 있는 사람' 정도로 해석해볼 수 있을 듯하다.

우리 역사를 돌아보면, 조선 시대 때 선비 집단을 이러한 공인의 범주에 포함시킬 수 있다. 이들은 비록 관직에 나아가지는 않았으나, 높은 학식을 바탕으로 각 지역의 경제와 교육을 이끌어가는 경우가 많았기 때문이다. 또한 이들은 임진왜란이 일어나 나라에 큰 위기가 찾아왔을 때 공인으로서의 면목을 여실히 드러내기도 했다. 상당수의 선비들이 사재를 털어 의병을 조직하고 왜군과 싸우기 위해 직접 무기를 들고 일어섰던 것이다. 그 대표적인 인물 중 한 명이 송암 김면 선생1541~1593이다.

임진왜란 당시 김면 선생은 고령의 나이였음에도 불구하고 의병을 일으켜 스스로 의병장으로 나섰으며, 1592년 7월에 지례향교 창고에서 휴식을 취하고 있던 왜군을 전멸시키는 것을 시작으로 무려 30여 차례의 전투에서 승리하는 혁혁한 공을 세웠다. 특히 1592년 8월에는 우척현 전투에서 의병장 정인홍과 함께 대승을 이끎으로써 왜군의 전라도 진입을 차단하기도 했다. 의병을 일으킨 후 한 번도 갑옷을 벗지 않았다는 그는, 결국 1593년 초 이런 말을 남긴 채 피로누적으로 숨을 거두었다고 한다.

다만, 나라 있는 줄만 알았지, 내 몸 있는 줄은 몰랐네! (只知有國, 不知有身)

이 한마디 말만으로도 나라의 위태로움 앞에서 개인의 영화보다는 공인으로서의 책임을 먼저 생각했던 그의 정신을 온전히 느낄 수 있다.

한편, 일제 강점기에 우당友黨 이회영과 그의 형제들이 보여준 모습에서도 이와 똑같은 정신을 느낄 수 있다. 조선시대 대대로 정승을 배출한 집안에서 태어난 이들 여섯 형제는 일본에 의해 조선이 몰락하자 누구 하나 반대하는 사람 없이 뜻을 합쳐 전 재산을 정리해서 독립 운동에 뛰어들었다. 이때 이들이 정리한 재산을 현재 가치로 치면 대략 1조 원에 달했다고 한다. 이들은 모든 식솔을 이끌고 만주로 망명해 독립 운동을 벌였으며, 신흥무관학교를 건립해 훗날 청산리 전투와 봉오동 전투에서 맹활약한 수많은 의병들을 배출해내기도 했다. 그런데 안타깝게도 이들 형제 중 대다수는 조국의 독립을 볼 수 없었다. 이회영 선생이 일본군에게 붙잡혀 뤼순감옥에서 고문 끝에 숨지는 등 모두 다섯 형제가 목숨을 잃고, 오직 이시영 선생만이 살아남아 고국 땅을 밟을 수 있었던 것이다. 참고로 이시영 선생은 우리나라 초대 부통령을 지낸 바로 그 인물이다.

이러한 공인의 범주를 오늘날로 거슬러 내려와 생각해보면, 가장 대표적으로 기업의 경영자를 포함시킬 수 있다. 20세기 최고의 경영 구루인 피터 드러커Peter Ferdinand Drucker, 1909~2005 역시 다음과 같은 말로 기업 경영자들의 사회적 책임을 강조했다.

● 경영자는 공공의 이익에 무관심할 수 없으며 자신의 이익을 공공의 이익에 반하지 않는 수준에서 정하는 것으로는 충분하지 않고, 진정 공익을 자신의 이익으로 여김으로써 공익과 사익의 조화를 실현하지 않으면 안 된다.

또한 그는 리더가 조직의 장기적인 성장을 바란다면 사회적 이익을 조직의 지도적 목표로 삼아 힘껏 실천해야 한다고 강조했다. 현존하는 경영자 중에서 드러커가 강조한 사회적 책임을 가장 훌륭하게 실천하고 있는 인물로는 인도 타타Tata그룹의 라탄 나발 타타Ratan Naval Tata 회장을 꼽을 수 있다. 다음 일화를 보면 그의 이러한 면모를 엿볼 수 있다.

 2003년 어느 날, 라탄 회장은 일가족 4명이 위험하게 스쿠터 한 대에 함께 타고 가다 저녁 빗길에 미끄러져 사고를 당하는 현장을 목격했다. 이 일을 계기로 가난한 국민들에게 연민을 느낀 그는 저가의 자동차를 만들어 국민들이 스쿠터 한 대 값으로 그것을 살 수 있게 하겠다고 공언했다. 하지만 우리 돈 200만 원대의 초저가 자동차를 개발하는 일은 결코 쉽지 않았다. 시간이 흐를수록 라탄 회장의 책상 위에는 연구원들이 올린 실패 보고서만 쌓여갔다. 그런데도 그는 큰 소리로 질책 한 번 하지 않고, 오히려 현장에서 연구원들을 독려했다고 한다. 그런데 이러한 험난한 여정을 거쳐 마침내 국민차 '나노Nano'의 개발이 완료되자, 많은 사람들이 그의 진정성을 의심하기 시작했다. 그렇게 많은 시간과 자금을 들여 만든 차를 초저가에 판매할 리가 없다는 것이었다. 이때 라탄 회장은 이런 말로 그러한 의구심을 한 방에 일축했다.

"약속은 약속입니다!"

현재 라탄 회장은 인도 국민들에게서 최고의 존경을 받고 있다. 그런데 이것은 단순히 그가 초저가 자동차를 보급해서가 아니라 모든 면에서 공인으로서의 올바른 모습을 보여주고 있기 때문이다. 그는 시가총액을 기준으로 인도 최고의 기업을 이끌고 있는 수장임에도 불구하고 실제 재산은 재벌이라고 하기에는 미미한 수백억 원 수준에 불과하다고 한다. 또한 재임 기간 중 그룹의 순이익이 50배 넘게 증가했지만 그는 평생을 작은 아파트에 살며 검소한 생활을 유지하고 있다고 한다.

타타그룹 역시 이러한 창업자의 정신을 그대로 계승하고 있다. 타타그룹의 지주회사인 타타선즈Tata Sons 지분의 3분의 2는 라탄 회장의 가족들이 설립한 자선 재단에서 소유하고 있는데, 이 재단은 그러한 지분을 통해 나오는 수익금의 대부분을 인도의 사회 복지와 환경, 교육 사업 등에 사용하고 있다.

라탄 회장은 기업 경영에 있어서도 존중과 배려의 문화를 적용하는 데 주저하지 않았다. 현재 타타그룹은 종신 고용제를 기본으로 이익배분형 성과급 제도를 운영하고 있으며, 그룹 차원에서의 공익 활동에도 최선의 노력을 기울이고 있다.

대승불교에서는 라탄 회장처럼 공익을 추구하는 리더를 '보살'이라고 표현한다. 보살은 영원히 이 우주를 돌면서 공인으로서 수많은 사람들을 일깨우고 성장시키며 살겠다고 서원誓願한 사람을 의미하는 것으로, 유교로 해석하면 '군자'에 해당하는 사람을 일컫는다. 물론 현실 속의 리더가 보살이나 군자의 경지에 이를 수는 없다. 하지만 크든 작든 조직을 이끄는 사람이라면 다음과 같은 《채근담》의 문구를 거울삼아 공인으로서의 마음가짐에 대해 한 번쯤 곱씹어볼 필요는 있을 것이다.

도와 덕에 머물며 이를 잘 지키는 자는 한때에 적막할 뿐이나, 권력과 세력에 의지하고 아첨하는 자는 만고에 처량하다.
통달한 사람은 사물 밖의 물건을 보며 이 몸뚱이 뒤의 몸뚱이를 생각하여, 차라리 한때의 적막함을 받을지언정 절대로 만고의 처량함을 취하지 않는다.

《채근담》 (윤홍식 역)

대의(大義)를 위해 감정을 내려놓는 용기

 사람은 감정의 동물이다. 그렇기 때문에 많은 사람들이 자신이 싫어하거나, 마음에 들지 않는 사람과 마주했을 때 그러한 감정을 쉽게 드러내곤 한다. 하지만 조직을 이끄는 사람이라면 대의를 위해 그러한 사적인 감정을 과감히 내려놓고 평정심을 유지하는 모습을 보여야 한다. 리더가 감정을 자제하지 못해 구성원들이나 다른 조직과의 관계를 손상시킬 경우 마치 깨진 유리창처럼 다시 회복하기가 쉽지 않기 때문이다.

1993년, 노벨위원회는 그해의 노벨평화상 공동 수상자로 남아프리카공화국의 넬슨 만델라Nelson Mandela, 1918~2013와 프레데리크 빌렘 데 클레르크Frederik Willem de Klerk 대통령을 선정했다. 아파르트헤이트Apartheid로 대표되는 남아프리카공화국의 오랜 인종차별 정책을 종식시키고 극적인 화해를 이끌어낸 두 사람의 공로를 인정한 결과였다.

만델라와 클레르크는 이러한 결과를 만들어내기 위해 오랫동안 쌓인 불신과 증오의 감정을 내려놓고 지속적으로 대화하는 노력을 기울였다고 한다. 특히 이러한 대화의 자리가 만들어진 데에는 만델라의 용기가 크게 기여했다. 그는 치열한 흑인인권 운동을 벌이다 붙잡혀서 감옥에 갇혀 있을 때부터 동지들 몰래 백인 정권에 대화를 제의했었다고 한다. 자신이 먼저 대화를 제의했다는 것에 동지들이 모멸감을 느낄 수 있다는 생각으로 어느 정도 성과가 나온 뒤에 대화 내용을 공유하려고 한 것이다. 이처럼 만델라가 자칫 동지들마저 등을 돌릴 수 있는 위험을 감수하며 대화와 협상에 나선 이유는, 훗날 그가 직접 밝혔듯이 '그것이 바로 오랜 흑백 갈등을 해결할 수 있는 유일한 방법'이라고 생각했기 때문이다.

만델라와 백인 정부가 처음 대화를 시작했을 때 양 진영은 '상대방이 뿔이 없다는 것을 알았다'고 이야기했을 정도로 서로에 대해 무지했으며, 이로 인해 몇 번에 걸쳐 대화가 중단되는 사태가 벌어지기도 했다. 또 어떤 자리에서는 만델라와 클레르크 대통령이 서로를 비난하는 언사를 했다가 다음날 다시 화해하는 일도 있었다고 한다. 그럼에도 불구하고 대화의 끈이 끊어지는 사태까지 가지 않았던 이유는, 두 사람 모두 개인적인 감정보다 중요한 대의가 있다는 사실을 깊게 인식하고 있었기 때문이다. 이처럼 양측의 대화는 비록 만델라의 제의에 의해 시작되었으나, 인종차별 정책의 수혜자로서의 기득권을 과감히 내려놓고 그러한 제의에 화답한 클레이크 대통령의 용기가 없었다면 결코 이루어질 수 없는 일이었다.

결국 이들은 지난한 대화와 협상 끝에 1991년에 아파르트헤이트와 관련된 법들을 폐지함으로써 오랜 흑백 갈등의 종식을 선언했으며, 이 결과는 1994년 5월에 자유 총선거를 통해 만델라가 남아프리카공화국 최초의 흑인 대통령으로 당선되는 역사로 이어졌다.

리더가 조직을 이끌다 보면 경쟁 상대와 사소한 문제로 감정싸움을 벌이거나, 심지어 그러한 싸움을 소모적인 소송 전쟁으로 이어가는 경우가 종종 발생한다. 반면에 이러한 막장 드라마가 때로는 뒤늦게 대의를 인식한 양측 리더의 허심탄회한 대화를 통해 쉽게 해결되는 경우도 많다. 리더 역시 사람이기에 감정을 끝없이 억제하면 살 수는 없는 노릇이다. 하지만 그것이 조직의 대의에 관련된 문제라면 일단 감정의 문제를 내려놓고 좀 더 냉철하게 상황을 판단하는 용기를 발휘해야 한다.

언제나 그렇듯
문제의 답은 현장에 있다

소위 '경영의 신'이라고 불리는 마쓰시타 고노스케松下幸之助, 1894~1989는 그의 저서 《경영에 불가능은 없다》에서 '기업의 존재 이유'에 대해 이렇게 이야기했다.

'기업은 사랑받기 위해 존재한다.'

이 말처럼 그는 비즈니스를 철저히 고객 관점에서 바라보는 것으로 유명했다. 이와 관련한 아주 유명한 사례가 있다.

1970년, 일본 오사카에서 세계 엑스포가 개최되었다. 그해 3월부터 9월까지 반년에 걸쳐 진행된 이 행사는 약 6,400만 명의 관람객이 몰릴 정도로 큰 인기를 끌었다. 당시 고노스케가 이끌던 마쓰시타전기산업(파나소닉의 전신)도 이 행사에서 자체 전시관을 운영하고 있었다. 봄부터 시작된 엑스포의 인기는 여름 무더위에도 그칠 줄을 몰랐다. 마쓰시타전기산업의 전시관 앞에도 수많은 사람들이 땀을 뻘뻘 흘리며 줄을 서서 입장을 기다렸다. 그런데 그 모습을 지켜보던 고노스케는 직원들을 불러 '더위에 고생하는 관람객들을 위해 홍보 전단으로 종이 모자를 만들어 나누어주라'고 지시했다.

그런데 그의 이러한 아이디어는 즉흥적으로 나온 게 아니었다. 고노스케 스스로 자사의 전시관에 들어가기 위해 다른 관람객들과 똑같이 줄을 서서 기다려보았기 때문에 그런 생각을 할 수 있었던 것이다. 75세의 대기업 총수가 자신이 운영하는 기업의 전시관에 들어가기 위해 두 시간 남짓 줄을 서서 기다리는 모습이 상상이 되는가. 당연히 직원들이 만류했지만, 고노스케는 관람객의 입장에서 얼마나 오래 기다려야 하는지를 직접 체험해보지 않으면 안 된다고 생각했다.

한편, 이 일로 관람객들에게 나눠줄 홍보 전단의 상당량이 소진되었지만, 오히려 그 이상의 효과를 볼 수 있었다. 관람객들이 가는 곳마다 마쓰시타전기산업이라는 기업명이 선명하게 인쇄된 종이 모자를 쓰고 다님으로써 자연스럽게 걸어 다니는 광고판 역할을 해 준 것이다.

그가 말하는 '고객 관점'이란 바로 이런 것이다. 고객과 똑같이 생각하고 행동하고, 심지어 똑같은 불편을 겪어보아야만 비로소 얻을 수 있는 통찰인 것이다. 그는 기업의 창립 기념일을 실제 창업한 1918년에서 1932년 5월 5일로 바꾸기도 했다. 여기에는 바로 이날, 그가 경영자로서 '세상의 가난을 몰아내는 일을 하겠다'는 신념을 깨달았기 때문이라는 이유가 있었다. 이와 관련해 《노자 도덕경》을 보면 다음과 같은 문구가 있다.

> 성인은 언제나 사심이 없으니, 백성의 마음을 자신의 마음으로 삼는다.
>
> 《노자 도덕경》

결국 '기업은 사랑받기 위해 존재한다'는 고노스케의 경영 철학과 뜻을 같이 하는 표현이다. 만일 조직의 리더가 이러한 철학에 뜻을 함께한다면, 고노스케가 그랬듯이 자신의 민낯을 드러내는 일에 결코 주저함이 있어서는 안 된다. 즉, 조직이 철저히 고객 관점에서 운영되도록 방침을 정하는 것은 기본이요, 필요하면 언제든 리더가 직접 고객 접점 현장에 달려가서 고객의 관점과 니즈를 파악하는 모습을 보여 주어야 한다. 언제나 그렇듯 문제의 답은 '현장'에 있기 때문이다.

열린 경영,
리더와 같은 생각과
모습을 갖게 하는 길

　큰 조직일수록 리더가 표방하는 경영 방침이나 비전 등을 액자에 담아 벽 여기저기에 붙여놓은 경우가 많다. 그런데 막상 그런 조직에서 일하는 상당수의 구성원들은 이런 하소연을 털어놓곤 한다.
　"우리 조직은 전혀 비전 공유가 되지 않습니다."
　"윗사람들과 도저히 말이 통하지 않습니다."
　이런 현상이 벌어지는 이유는 대부분 리더의 소통이 일방으로 흐르기 때문이다. 세심한 설명과 대화를 통한 공유 노력이 부족하다면 벽에 붙인 경영 방침이나 비전은 그저 공허한 표어에 머물고 만다. 일반적으로 리더는 조직이 처해 있는 상황을 가급적 쉬쉬하려는 경향이 있는 반면, 구성원들은 자신에게 돌아올 유불리를 따지기에 앞서 현재 조직이 어떤 상황에 처해 있는지를 알고 싶어 한다. 이렇듯 리더가 생각하는 소통과 구성원들이 생각하는 소통의 수준 차이가 클수록 불신의 골도 그만큼 커질 수밖에 없다.

'구성원들이 많은 것을 알아서 좋을 게 없다'고 생각하는 리더들에게는 전사적인 정보 공유를 통해 한국전기초자를 부도 위기에서 구해낸 서두칠 회장의 사례가 좋은 본보기가 될 수 있다.

유리 제조 업체인 한국전기초자는 서두칠 회장이 부임한 당시에 이미 세계적인 컨설팅 기업인 브즈알렌으로부터 도저히 살아남을 만한 경쟁력이 없다는 판정을 받은 상태였다. 서 회장은 위기를 극복하기 위한 경영 혁신의 첫 단계는 회사의 모든 경영 정보를 공개함으로써 구성원들과 '위기의식을 공유'하는 것이라고 생각했다. 그는 이를 위해 용광로 작업이 이루어지는 현장에 계속해서 머물면서 작업 교대를 하고 나오는 구성원들을 모아놓고 기업의 모든 재무 정보를 낱낱이 보고했다. 처음에는 마음을 열지 않던 구성원들도 서 회장의 이러한 행보가 지속되자 차츰 마음이 움직이기 시작했다. 그때부터 서 회장은 본격적으로 혁신의 필요성을 호소했다.

"여러분은 품질을 책임지십시오. 내가 여러분의 고용을 책임지겠습니다."

"혁신의 목표는 도저히 불가능하다고 생각하는 수준에 두어야 합니다. 이 목표를 달성하기 위해서 우리는 살갗이 벗겨지는 고통을 감내해야 합니다."

"모든 것을 제로베이스에서 다시 시작합시다."

서 회장의 이러한 호소가 거듭되면서 구성원들도 혁신이라는 단어에 점차 공감하게 되었다. 생각이 바뀌자 행동이 바뀌었고, 경영진과 구성원들이 일치단결해 노력한 결과, 한국전기초자는 극적으로 흑자 전환을 이룰 수 있었다. 총 부채 4,700억 원의 기업에서 3년 만에 차입금 제로, 영업수익률 1위의 기업으로 회생한 것이다.

서 회장은 그 뒤에도 한국전기초자와 비슷한 상황에 놓여있던 동원시스템즈를 극적으로 정상화시킴으로써 '역전의 명수'라는 별명을 얻기도 했다. 이런 서 회장이 일관되게 내세우는 경영철학은 '열린 경영'이다. 그는 이와 관련해 한 언론 칼럼에서 다음과 같이 이야기하기도 했다.

● 21세기 경영의 핵심 바탕은 지금까지의 권위주의적인 문화에서 벗어나 정보를 윗사람과 아랫사람이 동등하게 공유하고 자유롭게 대화하는 문화를 이루는 것이다. 즉, 정보를 자난한 상태에서 구성

원을 따라오게 하는 것이 아니라, 경영자가 가지고 있는 정보만큼 모든 사람들이 정보를 공유하고 경영자와 같은 생각, 같은 모습이 되게 하는 '열린 경영'이 필요한 것이다.

이에 대해 조직 문화 전문가인 조미옥 박사 역시 그의 저서《훌륭한 일터 GWP》를 통해 정보 공유의 정도가 구성원들의 협력 수준을 결정한다고 주장했다. 구성원들은 정보가 더 많이 공유되어 더 많이 이해할수록 조직의 방침이나 변화에 기꺼이 협조하려는 성향을 보이며, 이것이 궁극적으로 조직의 성과에 영향을 미친다는 것이다.

조직에서 정보는 피와 같다. 피가 잘 돌아야 생명체가 제 기능을 발휘할 수 있듯이 조직 역시 정보가 원활히 공유되어야만 구성원들의 자발적인 참여와, 나아가 리더들이 그토록 바라는 주인의식을 높일 수 있는 것이다.

솔선수범이 만드는
혼연일체

   어찌 보면 리더는 무대에 오른 배우와 같은 존재일지 모른다. 스스로 인식하지 못하더라도, 구성원들은 리더의 행동 하나하나에 관심을 기울이고 때로는 그러한 행동에 민감한 반응을 보이기 때문이다. 구성원들이 생각대로 움직여 주지 않거나, 팀의 융화가 부족하다고 생각될 때, 리더가 남의 허물을 들추기에 앞서 자신의 행동부터 살펴야 하는 이유가 여기에 있다. 리더가 부하에게 수시로 개인적인 일을 시키면서 정작 부하에게는 공과 사를 구별하라고 강조하거나, 지각을 밥 먹듯 하는 팀장이 팀원의 지각을 질책한다면 과연 누가 그를 진심으로 믿고 따를 것이며, 팀이 한마음으로 화합하기를 바랄 수 있겠는가.

오기吳起(오자)는 손무孫武(손자)와 더불어 중국 춘추전국시대 때 최고의 전략가로서 명성을 떨친 인물이다. 또한 그는 손무의 《손자병법》에 필적하는 병법서인 《오자병법吳子兵法》을 남기기도 했다. 《손자병법》이 전략의 전반적인 부분과 승패를 계산하는 방법에 초점을 맞췄다면, 《오자병법》은 심리적인 전술을 통해 조직과 병사의 역량을 극대화하는 방법에 초점을 맞췄다는 차이가 있을 뿐이다. 특히 오기는 이 책에서 조직의 화합을 이루는 데 있어서 '리더의 솔선수범'이 무엇보다 중요하다는 점을 강조했다.

그 스스로 군사를 이끈 장군이었던 오기는 전투 시에 항상 병사들과 음식을 같이 먹었으며, 잠도 함께 잤고, 옷도 병사들과 똑같이 입었다고 한다. 또한 행군 시에도 말을 타지 않고 병사들과 똑같이 식량을 짊어지고 걸어가는 등 부하들과의 동고동락을 조직 관리의 일관된 원칙으로 삼았다. 하루는 종기로 고생하는 병사를 보고 오기가 직접 그 병사의 종기를 입으로 빨아 고름을 빼 준 일이 있었다. 그런데 마침 휴가를 나온, 같은 동네 출신의 병사를 통해 그 사실을 전해들은 그 병사의 어머니가 몹시 슬퍼하며 눈물을 흘렸다고 한다. 이에 소식을 전한 병사가 까닭을 묻자 그 어머니는 이렇게 대답했다고 한다.

"내 남편도 전쟁터에서 등창을 앓아 고생할 때 오기 장군이 입으로 고름을 빨아 주었는데, 그런 은공에 보답하겠다는 마음으로 앞장서 싸우다 목숨을 잃었다오. 이제 내 아들도 같은 은공을 입었으니 어찌 걱정이 없겠는가."

한편으로는 안타까운 모정이 느껴지면서도, 다른 한편으로는 오기가 늘 한결같은 마음으로 군사를 이끌었음을 짐작할 수 있는 말이기도 하다. 이처럼 오기는 늘 아랫사람들과 동고동락하고 솔선수범함으로써, 세상 사람들이 '아버지와 아들 같은 조직父子之兵'이라고 표현할 정도로 상하가 한 몸처럼 움직이는 조직을 만들 수 있었다.

《오자병법》의 한 대목을 보더라도 오기가 늘 지도자의 솔선수범을 중요시했다는 사실을 엿볼 수 있다. 어느 날 왕이 오기에게 '진지陣地를 안정시키고, 싸우면 반드시 이기는 방법이 무엇이냐고' 묻자, 그가 이렇게 대답했다고 한다.

왕께서 능히 현자(賢者)를 위에 두고, 부족한 자를 아래에 두시면 즉시 진지는 안정됩니다. 백성을 편안하게 농사짓게 하고 관료들과 친하게 할 수 있으면 즉시 지키는 것이 견고해집니다. 백성들이 모두 왕을 옳다고 여기게 하고 이웃나라를 옳지 못하다고 여기게 할 수 있다면 전쟁은 이미 승리한 것입니다.

《오자병법》

이처럼 뛰어난 용병술과 지략을 뽐냈던 그였지만, 그에 걸맞은 인품을 갖추지는 못했던 듯하다. 특히 그는 목적을 위해서는 수단을 가리지 않는 것으로 유명했다. 심지어 그는 자신의 부인이 적국 제齊나라 출신임을 들어 노魯나라의 왕이 그를 대장으로 삼기를 꺼려 하자, 주저 없이 부인의 목을 베어 버리기도 했다. 이런 성품 탓에 그는 늘 주변 세력들의 원망을 사서 노나라에서 위衛나라를 거쳐 제나라로 쫓겨 다니는 삶을 살았다. 그러다 결국 그는 마지막으로 거처를 옮긴 제나라에서 개혁을 시도하다, 그의 개혁에 반대하는 무리에게 암살당하는 최후를 맞고 말았다. 물론 그가 이처럼 불행한 최후를 자초했다고 해서, 그가 보여준 솔선수범의 정신까지 폄하할 수는 없을 것이다. 다만 그러한 정신을 심리적 전술을 넘어 리더의 덕목으로 승화시켰다면 다른 결말을 얻지 않았을까 하는 안타까움이 드는 것이 사실이다.

만일 리더가 입으로는 '나를 따르라' 하고 외치면서 막상 책임을 져야 하는 결정적인 순간에는 부하의 등을 떠민다면 결코 조직을 한 몸처럼 움직이게 만들 수는 없을 것이다. 또한 오기의 사례처럼, 설사 리더가 솔선수범을 보이더라도 구성원들이 리더의 그런 행동에서 진정성을 느끼지 못한다면 효과가 반감될 수밖에 없다는 사실 또한 명심해야 할 것이다.

39 꿈꾸는 용기, 세상의 비웃음을 경이로움으로 바꾸다

　리더는 꿈꾸는 사람이다. 때로는 그 꿈이 너무 허황되다고 세상이 비웃더라도 가치 있는 것을 세상에 내놓기 위해, 조직의 부가가치를 높이기 위해, 구성원들의 행복을 위해 거침없이 꿈을 꾸고 그것을 현실로 이루기 위해 노력해야 한다. 그러면 결국 세상의 비웃음은 경이로운 찬사와 존경심으로 돌아오기 마련이다.
　얼마 전 중국의 온라인 기업 알리바바alibaba의 주식 상장으로 미국 증시가 한바탕 떠들썩했던 일이 있었다. 이 일로 알리바바의

CEO 마윈이 천문학적인 거금을 거머쥠으로써 일약 세계적인 경영자로 떠오르기도 했다. 그런데 이때 마윈만큼이나 큰 수익을 얻은 또 한 명의 인물이 있었다. 바로 일본 소프트뱅크그룹의 수장 손정의孫正義 회장이다. 그는 이 일이 있기 전 베이징에서 마윈 회장을 만나서 면담을 시작한 지 6분 만에 알리바바에 2,000만 달러를 투자하기로 결정했다고 한다. 그 투자액이 결과적으로 수십 억 달러의 수익으로 돌아온 것이다.

  손정의 회장은 열일곱 살 때 버클리대학에서 경제와 컴퓨터 과학을 공부하던 시기에 '컴퓨터 관련 사업'을 하겠다는 결심을 굳혔다고 한다. 그는 당시 서점에서 읽던 잡지에서 인텔Intel의 컴퓨터 칩 사진을 보고나서부터 이런 결심을 하게 되었고, 그때부터 그 사진을 자나 깨나 품에 지니고 다녔다고 한다. 그리고 그로부터 2년 후인 열아홉 살 되던 해에 그는 다음과 같은 인생 계획을 세웠다.

- 20대 때에는 사업을 키우고, 30대 때에는 자금을 모으고, 50대 때에는 사업에서 큰 성공을 이룬 뒤, 60대 때에는 다음 경영자에게 사업을 물려주겠다.

그는 학업을 마치고 일본으로 돌아온 후 그의 인생 계획을 실현하기 위해 소프트웨어를 유통하는 기업인 소프트뱅크를 설립했다. 그런데 당시 웃지 못할 해프닝이 하나 있었다. 그는 소프트뱅크를 후쿠오카 현 오도리로 시의 한 허름한 2층 건물에서 두 명의 아르바이트 직원만을 두고 출범시켰는데, 사업 시작에 앞서 사무실 한편에 놓인 상자 위에 올라서서 '앞으로 30년 뒤에는 조 단위의 매출을 이룰 것'이라고 선언했다고 한다. 이제 막 기업을 창업한 사람이 조 단위 매출을 꿈꾸었으니 듣는 사람 입장에서는 제정신이 아니라는 생각이 들었을 것이다. 당시 아르바이트 직원들 역시 그런 생각이 들었는지 그 말을 듣고 나서 고개를 저으며 회사를 나가버렸다고 한다. 만약 그들이 그대로 남았다면 손 회장과 함께 엄청난 부와 명예를 누렸을지도 모를 일이다.

그 후 그는 큰 병을 앓아 죽을 뻔한 위기를 극복하고 소프트뱅크를 무섭게 성장시키기 시작했다. 그는 소프트뱅크에서 소프트웨어 판매 사업과 컴퓨터 관련 출판 사업을 동시에 진행했으며, 야후 재팬을 창업해 자스닥에 상장시킴으로써 거액의 자금을 확보하기도 했다. 또한 파산한 일본채권신용은행(현 아오조라은행)을 매입해서 미국 사모펀드인 서버러스Cerberus에 매각함으로써 큰 차익을 남기기도 했다. 이밖에도 그는 과감한 M&A 전략을 통해 닛폰 텔레콤, 보다폰의 일본 법인, 이액세스, 미국 3대 이동통신 업체인 스프린트 넥스텔 등을 인수함으로써 소프트뱅크를 700여 개의 자회사와 100여 개의 관련 업체를 거느린 거대 그룹으로 성장시켰다. 결과적으로 손 회장은 이미 그가 열아홉 살 때 세운 인생 계획을 거의 다 이루어냈으며, 이제 마지막 계획인 후계자 선정 계획만을 남겨두고 있다.

리더의 '꿈'이란 바로 이런 것이다. 만일 지금 손 회장이 사업 초기 아르바이트 직원들의 비웃음을 산 '조 단위의 매출을 이루겠다'는 포부 이상의 계획을 밝히더라도, 결코 그것을 비웃는 사람은 없을 것이다. 그가 그 꿈을 이루기 위해 또 다시 구체적인 목표를 세우고 그것에 모든 에너지를 집중함으로써 결국에는 실현해내리라는 사실을 믿기 때문이다.

플로렌스 채드윅Florence Chadwick은 1952년에 여성 최초로 영국 해협을 수영으로 횡단한 인물이다. 그런데 그녀는 해협 횡단을 위한 첫 번째 시도에서 얼음 같이 차가운 물과 안개, 상어의 습격 등으로 실패를 겪었다고 한다. 하지만 그녀는 포기하지 않고 고민한 끝에 횡단에 성공할 수 있는 방법을 찾아냈다. 바로 자신이 헤엄쳐 건너 도착할 프랑스 해변에 가서 그 마을의 경관과 그곳 사람들의 얼굴 등을 깊게 각인시킨 것이다. 즉, 자신의 머릿속에 목적지에 대한 이미지를 구체적으로 그려 넣는 작업을 한 것이다. 그리고 두 달 후 다시 해협 횡단에 나선 그녀는 놀랍게도 남자 기록을 두 시간이나 앞지르며 목적지에 도착하는 결과를 이루어냈다.

이처럼 꿈꾼다는 것, 그리고 그 꿈(목적지)을 머릿속에 구체적으로 그린다는 것은 놀라운 결과를 만들어내는 원동력이 된다.

1,008번의 실패가 가져다 준
1,009번째의 성공

   'OTL'은 좌절에 빠져 주저앉아 있는 사람을 형상화한 인터넷 문자이다. 그런데 이 문자를 금지 표시판으로 둘러싸면 '좌절 금지'라는 의미가 된다. 필자는 이것이야말로 세상의 모든 리더가 마치 슈퍼맨의 S마크처럼 늘 가슴 속에 새겨두어야 할 표식이라고 생각한다. '흔들리지 않고 피는 꽃이 어디 있으랴' 하는 시의 제목처럼, 리더가 성공이라는 꽃을 피우기 위해서는 실패라는 숙명을 겸허히 받아들이고 다시 일어서는 용기를 발휘해야 한다. 우리가 위대한 리더라고 부르는 사람들의 업적들이 대부분 그렇게 만들어졌다.

켄터키 프라이드치킨KFC 매장을 방문하면 제일 먼저 깔끔한 인상에 인자한 미소를 띠고 있는 노신사 캐릭터가 고객을 반겨준다. 그 캐릭터의 주인공은 바로 KFC의 창업자 커넬 샌더스Colonel Sanders, 1890~1980이다. KFC는 현재 세계적인 프랜차이즈 기업으로 성장했지만, 정작 샌더스는 성공의 기쁨을 누린 시간과는 비교할 수 없을 정도로 기나긴 실패의 시간을 보냈었다고 한다. 그는 어릴 적부터 가난한 집안에서 자란 데다 어머니의 재혼으로 만난 의붓아버지로부터 심한 폭행을 당하기까지 했다. 이런 폭행을 견디다 못해 결국 집에서 도망쳐 나온 그는 살아남기 위해 증기선 조종사, 농부, 보험 판매원 등 다양한 일자리를 전전했다. 그러다 마흔 살 때 인생의 전환점을 맞았다. 켄터키 주에서 운영하던 주유소의 고객들에게 직접 개발한 조리법으로 만들어 판매한 닭튀김이 인기를 얻게 된 것이다. 하지만 운명은 그를 호락호락하게 내버려두지 않았다. 닭튀김의 인기에 자신을 얻어 연 첫 번째 식당은 화재로 문을 닫았고, 그 뒤에 연 식당은 한때 성공가도를 달리는 듯싶더니 식당 앞에 고속도로가 생기는 바람에 손님이 끊기고 적자가 누적되어서 결국 파산하고 만 것이다. 그때 그의 나이 65세! 모든 것이 좌절된 노인에게 남겨진 것이라곤 주 정부에서 사회 보장비 명목으로 보내준 100달러짜리 수표 한 장이 전부였다.

그럼에도 불구하고 그는 포기하지 않고 낡은 트럭에 압력 조리기를 싣고 그의 요리법을 사줄 사업가를 찾아 전국을 떠돌았다. 하지만 투자자는커녕 가는 곳마다 문전박대를 당하기 일쑤였다. 그렇게 당한 문전박대 횟수만 무려 1,008회! 그러다 마침내 1,009번째 방문에서 만난 웬디즈 올드 팬션드 버거즈의 창립자 데이브 토마스가 그의 조리법을 사주었다. 그 후 샌더스는 음식 메뉴를 프라이드치킨과 샐러드로 간소화하는 방법으로 패스트푸드계에 혁신적인 바람을 일으켰고, 이를 기반으로 KFC를 세계적인 프랜차이즈 업체로 성장시킬 수 있었다.

경기가 전반적으로 침체될 때마다 반복적으로 나타나는 사회 현상이 있다. 바로 기업의 구조조정 여파로 떠밀리 듯 명예퇴직을 선택한 사람들의 창업 열풍이다. 하지만 여러 통계를 보면 이런 식으로 자영업을 시작한 사람들의 생존율은 극히 미미하다. 특히 이들이 실패하는 주된 이유 중에 하나가 단기 이익에 대한 조바심을 버리지 못하고 업종이나 콘셉트를 바꿔댄다는 것이다.

이러한 모습은 조직의 리더에게서도 찾아볼 수 있다. 많은 리더들이 새로운 사업이나 프로젝트를 추진하는 과정에서 예상치 못한 위험 요소나 변수가 발견되면 슬쩍 한 발을 빼거나 포기해버리는 모습을 보이는 것이다. 물론 끈질기게 파다가 도저히 안 된다고 판단될 때 과감하게 전략을 수정하는 지혜도 필요하다. 하지만 조금 파내려가다 돌멩이 하나가 나왔다고 들고 있던 삽을 내던

진다면 과연 어떤 성과를 얻을 수 있겠는가. 세상 어떤 리더도 완벽하지 않다. 다만 실패가 두려워 도전하지 못하는 리더와 실패를 숙명으로 받아들이고 끈기 있게 도전하는 리더가 있을 뿐이다.

한편, 샌더스의 사례를 보면 그의 도전이 계획 없이 진행된 것이 아니라 경영학의 주요 목표 달성 기법인 PDCA^{Plan, Do, Check, Action} 원칙을 정확히 따랐음을 알 수 있다. 즉, 그는 무려 1,008회에 걸쳐 계획하고, 실행하고, 점검하고, 개선하는 활동을 거듭함으로써 성공을 거두고, 오늘날 '프랜차이즈계의 아버지'라는 찬사를 들을 수 있게 된 것이다.

주변을 보면 새로운 사업을 해보겠다고 일명 엑셀Excel질이라고 하는, 계산기 두들기는 일만 반복하다 결국 포기하고 마는 사례가 상당히 많다. 반면에 남들이 사업성이 없다고 포기한 사업에 목숨 걸고 도전함으로써 성공시킨 사례도 많다. 리더는 이처럼 상반된 사례들을 보면서, 사업을 모험이라는 의미의 '엔터프라이즈Enterprise'라고 표현하는 이유를 새삼 떠올려볼 필요가 있을 것이다.

큰 선(善)은 때로 비정해 보이나 큰 이익을 만든다

옛날 중국 금화金華 지역에 장안인張安仁이라는 부자가 있었다. 그런데 어느 해 금화 지역에 엄청난 흉년이 닥치자 주변 사람들이 장안인을 찾아와 지금 창고에 쌓인 곡식을 내다 팔면 큰돈을 벌 수 있을 것이라고 이야기했다. 하지만 장안인은 "내가 이익을 보기 위해서 곡식을 모은 것이 아니다" 하고 말하며 그 제안을 거절했다. 이번에는 어떤 사람이 그 곡식들로 굶주린 사람들을 구제하는 게 어떠냐고 제안했다. 하지만 이번에도 그는 "내가 그렇게 명예를 추구하는 사람이 아니다" 하고 거절했다. 그렇다면 장안인은 그 곡식을 어떻게 활용했을까? 그는 그것으로 일을 만들었다. 즉, 금화 지역에 180리에 이르는 도로를 건설하고, 40리에 이르는 제방을 구축하는 일을 일으킨 것이다. 그리고 지역 사람들에게 그 일을 시키고 임금을 지급함으로써 흉년 때문에 사람들이 굶어죽는 일이 생기지 않도록 했다. 또한 이로 인해 험난했던 도로가 평탄해지고, 수해를 지속적으로 막을 수 있는 제방이 생겼으니 그야말로 일석이조의 효과를 본 셈이었다.

장안인은 작은 선과 큰 선의 차이를 아는 사람이었다. 그렇기 때문에 배고픈 사람에게 곡식을 직접 나눠주기 보다는, 지금 당장은 비정해 보일지라도 더 큰 일을 도모함으로써 결국에는 모두에게 이익이 돌아가는 결과를 만들어낸 것이다. 이와 관련해 교세라그룹의 이나모리 가즈오 회장은 《일심일언》이라는 책을 통해 이러한 이치를 다음과 같이 표현하기도 했다.

● 작은 선은 큰 악일 수 있고, 큰 선은 비정해 보인다.'
(小善大惡 大善非情)

한편, 중국 명나라 때의 고전인 《료범사훈了凡四訓》에 나오는 여문의공呂文懿公의 사례를 보면 작은 선이 큰 악을 초래할 수 있다는 말의 의미를 이해할 수 있다. 명나라 재상을 지낸 여문의공이 관직을 내려놓고 고향에 내려와 존경을 받으며 여생을 보내고 있을 때의 일이다. 어느 날, 한 동네 사람이 술에 잔뜩 취한 채 여문의공에게 욕설을 퍼부었다고 한다. 이때 여문의공은 눈 하나 깜짝하지 않고 "술에 취한 사람과는 더불어 따질 필요가 없다"고 하인들에게 이른 뒤 방문을 닫고 들어가 다시는 거들떠보지도 않았다고 한다. 그런데 그로부터 한 해가 지난 어느 날, 여문의공은 자신에게 욕설을 했던 동네 사람이 큰 죄를 지어서 사형을 당하게 되었다는 소식을 들었다. 그때서야 여문의공은 '만일 내가 1년 전 그 사람의 잘못을 덕으로 다스리지 않고 관가에 끌고 가서 벌을 주었다면 그도 깨달음을 얻어 큰 죄를 짓지는 않았을 것'이라며 크게 후회했다고 한다.

리더들도 간혹 구성원의 작은 실수를 적당히 눈감아주고 넘어가는 실수를 하곤 한다. 그런데 그 실수가 구성원의 욕심 때문에 생긴 것이라면 리더가 베푼 아량이 오히려 해당 구성원의 욕심을 키우는 계기로 작용해 조직에 더 큰 피해를 끼치는 결과를 초래할 수 있다. 이나모리 가즈오 회장의 말처럼 큰 선은 때로는 비정해 보인다. 리더가 작은 실수를 저지른 직원을 호되게 질책하거나, 조직에서 썩은 사과 역할을 하는 사람을 단칼에 베어내는 등의 결단을 보였을 때, 구성원들은 그런 리더의 행동에서 비정함을 느낄 수도 있다. 하지만 리더는 그런 행동이 결과적으로 모두의 이익을 위한 것이라면 광야에 홀로 서는 마음으로 과감하게 실행해야 한다.

사리사욕이 강한 공신을
멀리 해야 하는 이유

조직 구성원들이 소위 창업 공신들에게 불만을 품는 경우가 있다. 조직을 일으키기 위해 그들이 바친 열정이나 노력은 인정받아 마땅하지만, 그 후 특별히 기여하는 것도 없이 이익의 대부분을 마치 연금 타듯 받아가는 상황이 매우 불합리하다고 생각하기 때문이다. 그런데 이런 상황은 대부분 창업자가 사적인 정에 얽매여 이들을 지나치게 예우하는 데에서 비롯된다. 한마디로 '우리가 남이가'의 굴레에서 벗어나지 못하는 탓이다. 문제는 이러한 분위기가 지속되면 구성원들이 '열심히 일해 봐야 남 좋은 일만 시킨다'는 생각으로 일할 동기를 잃게 된다는 데 있다. 그리고 이로 인해 조직의 성과(부가가치)가 줄어들면 창업 공신들끼리 이권다툼을 벌이는 일이 생기기도 한다.

중국 송宋나라의 건국 시조太祖인 조광윤趙匡胤, 927~976은 당나라가 멸망한 후 이어진 5대 10국의 혼란을 최대한 피를 흘리지 않는 현명한 방법으로 정리하고 왕위에 오른 인물이다. 조광윤의 현명함은 창업 후 공신들을 정리하는 과정에서도 빛을 발했다. 그는 건국에 따른 어수선한 분위기가 어느 정도 정비되자 술자리를 만들어 창업에 큰 공을 세운 장수들을 모은 후 이렇게 자신의 감정을 털어놓았다.

"그대들의 도움 없이 어찌 내가 황제가 되었겠소. 그런데 황제라는 자리가 딱히 좋은 게 아닌 듯하오. 차라리 지방을 다스리는 수령이 더 좋았다는 생각이 드오. 그런 생각에 요즘에는 밤마다 불안하고 잠이 잘 오지 않는다오."

조광윤은 이 말을 통해 자신이 장수들의 모반을 두려워하고 있음을 은근히 내비친 것이다. 그의 그런 뜻을 모를 리 없는 장수들이 하나같이 화들짝 놀라며 누가 감히 황제에게 딴 마음을 품겠냐고 고하자, 조광윤이 이번에는 이렇게 이야기했다.

"지금은 그렇지만 부하들이 억지로 그대들을 추대하고 용포를 걸쳐준다면 어쩔 수 없지 않겠소?"

이런 대답을 듣고 장수들이 마침내 황제의 뜻에 따르겠다고 하자, 그는 때를 놓치지 않고 이렇게 대답했다.

"인생은 짧고 부귀영화도 순간일 뿐. 진정한 즐거움은 평안하고 자손들 안 굶기고 행복하게 살도록 하는 게 아닐까 하오. 공신들이 권력을 가지고 있으면 욕심을 부리다가 결국 부귀영화도 사라질 것이오. 조용히 물러나 미녀, 노래, 춤을 즐기고, 손자들을 보면서 말년을 보내는 게 좋지 않겠소?"

그러자 그 자리에 참석한 장수들은 다음 날 모두 낙향했다고 한다. 이처럼 조광윤은 스스로의 현명함은 물론, 사리사욕보다는 나라의 앞날을 걱정한 공신들의 현명함이 함께한 덕분에 순조롭게 병권을 획득해 나라를 안정적으로 경영할 수 있었다. 훗날 사람들은 이 일을 두고, 조광윤이 술잔으로 병권을 얻었다 하여 '배주석병권杯酒釋兵權'이라고 표현했다.

물론 이 사례가 조직의 공신들을 무조건 물러나게 해야 한다는 것을 의미하지는 않는다. 다만 리더는 사람을 버리고 얻는 데 있어서,《주역》중 '지수사地水師'라는 괘에 나오는 다음과 같은 문구를 늘 마음에 새겨둘 필요가 있다.

소인을 쓰지 않는 것은 반드시 나라를 어지럽히기 때문이다.

(小人勿用 必亂邦也)

즉, 리더는 '나와 타인 모두에게 도움이 되도록 일하는 공적인 사람'은 거두어 쓰되, '자기 이익만을 중시하는 소인小人'은 성과에 따른 보상은 해주되 결코 보직(권력)은 주지 않는 현명함을 발휘해야 한다.

사과 박스에 썩은 사과가 하나 정도 있을 때 '뭐 별 것 아니겠지' 하고 넘어간다면 얼마 뒤 사과 전체가 썩어서 못 먹게 되는 결과가 빚어진다. 이와 마찬가지로 조직에서도 일부 자신의 이익만을 중시하는 사람들이 장기적으로 조직에 커다란 문제와 손해를 야기하는 경우가 많다. 특히 소위 소시오패스sociopath라고 불리는 유형의 사람들은 겉으로 볼 때에는 추진력과 대인관계가 좋고 날카로운 분석력도 가지고 있는 것 같지만, 실제로는 성과를 독점하고 정보를 공유하지 않으며 주변 동료나 부하들에게 무례한 언행을 일삼는 경우가 많다. 안타까운 사실은 이러한 상황을 가장 인지하지 못하는 사람이 바로 리더라는 것이다. 심지어 조직에서 리더가 썩은 사과의 옹호자가 되는 경우도 많다.

공자는 이런 부류의 사람들을 '소인小人'이라고 표현하면서, 이러한 소인들을 걸러내고 올바른 품성을 가진 사람을 윗자리에 앉혀 놓아야 조직이 잘 돌아간다고 강조했다. 그의 이러한 생각은 노나라의 왕 애공哀公이 "어떻게 하면 백성이 복종합니까?" 하고 물었을 때 대답한 다음 말을 통해서도 잘 나타나 있다.

곧은 사람(군자)을 쓰고 굽은 사람(소인배)을 버려두면 백성들이 복종하고, 굽은 사람을 쓰고 곧은 사람을 버려두면 백성들이 복종하지 않습니다.

《논어》

이익 앞에서 정의로울 수 있는 용기

　개인의 성공과 실패는 결국 그 사람의 생각과 행동에 달려 있다. 이에 비해 조직을 이끄는 리더의 생각과 행동은 그 자신뿐만 아니라 조직 전체의 성공과 실패를 좌우하는 원천이 된다. 간혹 기업의 주요 임원이 부정을 저질러 기업 전체가 사회적 비판에 휩싸이는 경우가 있다. 이럴 때 기업의 경영자는 그 임원의 잘못을 탓하기에 앞서, 그것이 스스로의 욕심이 투영된 결과가 아닌지 돌아보아야 한다. 즉, 그것이 리더의 마음속에 내재된 욕심을 충족시켜 줄

것이라는 기대감으로 그 임원을 기용한 데 따른 결과일 수도 있기 때문이다. 다음과 같이 《맹자》에 나오는 맹자와 양혜왕梁惠王의 대화 내용을 살펴보면 이 말의 의미를 좀 더 잘 이해할 수 있다.

양혜왕은 맹자가 처음 자신을 찾아왔을 때, 대뜸 "선생은 저에게 어떤 이익을 주시려고 먼 길을 찾아오셨냐" 하고 물었다고 한다. 이에 맹자는 "왕께서는 어찌 정의義를 이야기하지 않고 이익利을 이야기하십니까? 왕이 이익을 따지면 신하도 이익을 따지게 되고, 신하가 이익을 따지면 백성들도 이익을 따지게 되어 모두가 자기 이익만을 따지게 될 텐데, 그러면 나라가 어찌 잘 될 수 있겠습니까?" 하는 말로 그런 질문을 던진 양혜왕을 부끄럽게 만들었다고 한다.

조직의 구성원들이 리더가 가리키는 방향을 향해 달려가다 보면 생각과 행동이 조금씩 리더를 닮아가게 마련이다. 즉, 리더가 이익을 추구하면 구성원들 역시 이익 추구에 중심을 두게 되고, 리더가 가치에 집중하면 구성원들 역시 가치를 중심으로 생각하고 행동하게 된다는 것이다. 이와 관련해 위의 양혜왕의 사례가 전자의 의미를 풀어주었다면, 다음과 같은 존슨앤드존슨Johnson & Johnson의 윤리경영 사례는 후자의 경우를 대변한다고 할 수 있다.

1982년 9월, 시카고에서 존슨앤드존슨에서 제조한 타이레놀을 먹고 무려 여덟 명이 사망한 사건이 발생했다. 조사 결과 누군가 타이레놀 병 속에 청산가리를 주입해서 생긴 일로, 존슨앤드존슨측의 잘못은 아니라는 사실이 밝혀졌다. 그럼에도 불구하고 이 기업은 자체적인 소비자 경보를 발령해서 원인 규명 시까지 절대 타이레놀을 먹지 말도록 홍보하고, 최대한 빨리 시중에 보급되어 있던 타이레놀 전량을 회수하는 용단을 내렸다. 이를 위해 이 기업은 무려 1억 달러의 손실을 감수해야 했다고 한다. 이처럼 막대한 손실을 감수하면서까지 이 기업이 이런 결정을 내렸던 이유는, 그들의 윤리헌장 Our Credo에 담겨 있는 '지역 사회와 세상에 책임을 져야 한다'는 창업자 정신이 기업 깊숙이 뿌리 내려 있었기 때문이다. 결과적으로 이 기업은 이처럼 현명한 방법으로 위기에 대처함으로써 국민들로부터 엄청난 신뢰를 받게 되었고, 그러한 신뢰를 기반으로 세계적인 기업으로 성장할 수 있었다.

사람이 사람을 닮아가는 현상은 오직 유전자로만 가능한 것이 아니다. 내가 존경하는 인물이나, 내가 따르는 리더를 보면서 후천적으로 닮아가기도 한다. 사회적으로 성공한 사람이 방송에 나왔을 때 진행자가 '당신의 롤 모델이 누구냐' 하고 묻는 이유도 이와 다르지 않다. 리더는 좋든 싫든 조직의 구성원들의 롤 모델이 된다. 이때 리더가 양혜왕의 욕심을 보여주느냐, 또는 존슨앤드존슨의 사례처럼 '이익 앞에서 정의로울 수 있는 용기'를 보여주느냐에 따라 그 조직은 각각 다른 길을 걸을 수밖에 없다.

시련이 올 때에는
배움의 기회가 함께 찾아온다

리더가 조직을 이끌다 보면 언제든 위기와 절망에 맞닥뜨릴 수 있다. 실제로 성공한 리더의 상당수가 과거 이러한 일들을 겪고 너무나 절망스러운 나머지 옥상이나 한강 다리를 찾은 적이 있다고 고백하곤 한다. 이런 고백을 듣다 보면 리더에게 시련은 성공으로 가는 길에서 마주치는 길동무와 같으며, 하늘은 그러한 시련을 통해 리더를 강하게 만든다는 생각이 들기도 한다. 실제로 역사적으로 이름을 남긴 영웅들은 대부분 엄청난 시련을 극복했다는 공통점을 가지고 있다. 특히 이순신 장군은 그 이름을 빛내기까지 무려 아홉 번의 시련과 마주쳐야 했다고 한다.

그의 첫 번째 시련은 스물여덟 살 되던 해에 찾아왔다. 처음 무과에 응시했다가 말에서 떨어져 죽을 뻔한 위기를 겪은 것이다. 이와 관련해 단재 신채호 선생이 쓴《조선위인전》을 보면, 당시 이순신 장군은 사람들이 말에서 떨어져 죽었다고 생각할 정도로 심하게 다쳤었다고 한다. 그럼에도 불구하고 그는 다시 일어나 부러진 다리를 나뭇가지로 동여매고 시험을 마무리했다고 하니, 그야말로 대단한 정신력이 아닐 수 없다. 이때의 부상으로 그는 그 뒤 4년 동안 무과에 응시하지 못했다고 하는데, 아마도 그 기간 동안 신중하지 못했던 자신의 행동을 탓하며 울분을 참고 더욱 공부에 매진했을 것이다.

그에게 찾아온 두 번째 시련은 전라도 발포수군만호鉢浦水軍萬戶라는 종사품(4급)에 해당하는 관직에 있다가 병조정랑 서익의 사적인 원한에 의해 파직된 사건이었다. 게다가 그 후 그가 복직되었을 때의 직급은 겨우 종팔품(8급)에 해당하는 훈련원 봉사에 불과했었다고 한다.

그의 나이 서른아홉 살 때 찾아온 세 번째 시련은 오랑캐 두목 울지내를 잡은 공로로 훈련원 참군(정7품)으로 승진했으나, 부친상을 당하는 바람에 3년 간 벼슬에 오르지 못하게 되었던 일이다.

네 번째 시련은 마흔세 살 때 함경노 소산보만호 겸 녹둔도 둔

전관으로 근무하던 중 여진족의 기습을 받아 피해를 본 일 때문에, 당시 직속상관이었던 함경도 북병사 이일의 모함을 받아 파직되었던 사건이다. 사실 그날의 주된 패인은 그의 병력 증원 요청을 이일이 거부한 데 있었으나, 오히려 이일이 조정에 거짓 보고를 함으로써 이순신 장군이 모든 책임을 뒤집어쓰게 되었던 것이다.

다섯 번째 시련은 1594년에 그가 근무하던 한산도에 기아와 전염병이 돌아서 수많은 병사와 백성이 사망한 사건이었다. 당시 그는 이러한 위기를 둔전을 설치해 곡식을 확보하고, 자체적으로 무과를 치러 병사를 뽑는 방식으로 극복해냈다.

여섯 번째 시련은 임진왜란을 치르던 중 조정 대신들의 모함을 받고 파직 당한 사건이었다. 1592년에 임진왜란이 발발한 이후 이순신 장군은 계속해서 승전을 이어갔다. 그런데 이러한 그의 위세에 두려움을 느낀 조정 대신들이 그의 업적을 폄하하기 시작했다. 그러다 결국 1597년에 이들의 결정적인 모함을 받아 파직을 당하고 모진 고문까지 받게 되었던 것이다.

일곱 번째 시련은 1597년에 고된 옥살이를 끝내고 백의종군하는 길에 어머니의 사망 소식을 접한 일이었다. 자신이 가장 초라한 입장에 놓여 있을 때 어머니의 임종 소식을 접한 아들의 심정은 그야말로 가슴이 찢어지는 고통 그 이상이었을 것이다.

여덟 번째 시련은 원균이 칠천량 전투에서 패하면서 이순신 장군이 7년 동안 거느렸던 수군을 모조리 수장시킨 사건이었다. 그는 이러한 시련에도 불구하고 명량해전에서 열세 척의 배로 수백 척의 일본 수군을 물리치는 성과를 이루어냈다.

마지막 아홉 번째 시련은 패전에 원한을 품은 일본군이 이순신 장군의 본가로 쳐들어가 셋째 아들 면을 살해한 사건이었다. 그는 《난중일기》에서 당시의 심정을 이렇게 기록했다.

> 면이 전사한 것을 알고 목 놓아 통곡했다. 하늘이 어찌 이렇게 어질지 못한가? … 내 어린 자식아. 나를 버리고 어디 갔느냐? … 아직 목숨이 남아 있지만 마음은 죽고 껍데기만 남아 있을 뿐이다.
>
> 《난중일기》 1597년 9월 14일 기록 중에서

사람은 누구나 역경逆境보다는 순경順境, 즉 인생이 순조롭게 풀리기를 바란다. 하지만 다음과 같은 《맹자》의 문구처럼 하늘이 사람에게 큰 임무를 줄 때에는 반드시 시련을 함께 주기 마련인 듯하다.

> 하늘이 장차 그 사람에게 큰 임무를 내리려 할 때에는 반드시 먼저 그의 마음과 뜻을 고통스럽게 하고, 그 힘줄과 뼈를 괴롭게 하며, 육체를 굶주리게 하고, 그 몸을 궁핍하게 한다. 그가 하고자 하는 바를 어긋나게 하며 마음을 동하게 하여 성격을

참게 함으로써 그가 할 수 없었던 것을 할 수 있게 함이다.

특별한 시련을 겪지 않고 원하는 것을 얻은 사람은 그것의 소중함을 쉽게 깨닫지 못한다. 오죽하면 젊어서 성공한 사람이 가장 불행한 사람이라는 말이 있겠는가. 검劍의 날을 예리하게 세우려면 필히 수천에서 수만 번의 망치질이 따라야 하듯이, 리더의 가치 또한 수많은 위기를 딛고 일어섰을 때 비로소 빛을 발하는 법이다. 하늘은 자극을 통해 사람을 성장시킨다.

45 목련꽃이 아름다워도 그 지는 꽃잎을 간직하는 사람은 없다

'박수칠 때 떠나라!'

역사적으로 이것을 실행에 옮긴 리더는 그리 많지 않다. 대부분 박수가 끝날 때까지도 권좌에 대한 집착을 버리지 못해 무리수를 두다가 난관에 봉착하거나 명예가 실추되는 결과를 초래하곤 한다.

마르쿠스 아우렐리우스Marcus Aurelius Antoninus, 121~180는 로마의 전성 시대를 이끈 '5현제賢帝' 중 한 명이자, 후기 스토아학파의 철학자라는 독특한 이력을 가진 황제이기도 하다. 그가 쓴《명상록》

이라는 책을 보면 하루하루를 처절하게 고민하고 자신의 역할에 충실하고자 했던 지도자의 철학을 고스란히 느낄 수 있다. 그중 한 대목을 여기에 옮기면 다음과 같다.

나의 지능이 이 일을 감당해낼 수 있을까? 만일 감당해낼 수 있다면, 나는 자연으로부터 부여받은 도구를 사용하듯이 나의 능력을 그 일을 위해 사용하리라. 그러나 만일 내가 그 일을 감당해낼 수 없다면 이 일을 다른 사람에게 맡기고, 내가 물러나서는 안 되는 이유가 없는 한 나는 그 일을 성취할 수 있는 보다 재능 있는 다른 사람에게 양보하여 내가 할 수 있는 최선을 다할 것이다.

…

지난날 얼마나 많은 사람들이 그토록 명성을 떨치다가 결국은 사람의 기억 속에서 사라져 버렸는가! 그리고 그들을 찬양했던 사람들도 얼마나 많이 우리의 시야에서 사라져 버렸는가!

《명상록》(원혜정 역)

이처럼 아우렐리우스는 오직 자연이 자신에게 부여한 임무를 완수하는 데에만 집중하는 삶을 살았으며, 자신보다 더 능력 있는 사람이 나타나면 기꺼이 자신의 권좌를 양보하겠다는 마음을 가지고 있었다. 사람은 누구나 자신이 가진 것을 지키려는 마음을 가지고 있다. 그런데 역사는 우리에게 '인생은 가진 것을 지키려고 멈추는 순간 위기로 다가온다'고 조언한다. '필사즉생 필생즉사必死卽生 必生卽死'라는 고사성어처럼 목숨이든 돈이든 명예든 버릴 각오를 해야 비로소 얻을 수 있는 것이 '내려놓음'의 철학이 알려주는 미묘한 역설이다.

많은 사람들이 '인생은 한 편의 영화와 같다'고 이야기한다. 그런데 그 영화는 내가 죽을 때 가져가는 기록이 아닌, 다른 사람의 마음속에 남기고 가는 기록이다. 내가 주변 사람들과 함께하는 순간순간들을 아름답게 어울리고 즐기면 그들이 오래도록 즐길 수 있는 명작이 탄생하겠지만, 불쾌한 기억들만 즐비하다면 다시는 보고 싶지 않은 저질 영화가 만들어질 수도 있다. 만일 전자와 같은 삶을 살고 싶다면, 내가 더 가져야 한다는 생각, 내가 더 높은 곳에 있어야 한다는 생각을 내려놓고 주변을 먼저 돌아보는 지혜를 가져야 한다. 공자는 《논어》를 통해 이러한 이치를 다음과 같이 설명했다.

> 남이 날 알아주지 못하는 것을 걱정하지 말고 내가 남을 알아주지 못할까 걱정하라
>
> 《논어》

또한 공자는 제자 자공이 '널리 베풀어 백성을 구세하는 깃이

인仁(사랑)이냐고' 묻자, 그것은 요임금이나 순임금에게도 쉽지 않은 일이라면서 다음과 같이 보다 구체적인 실천 방법을 이야기해 주었다.

인자(仁者)는 자기가 서고자 하면 남을 설 수 있게 하며, 자기가 도달하고 싶으면 남도 도달하게 해준다.

리더로서 해야 할 역할을 다했다면 그 자리를 가장 현명한 사람에게 물려주는 지혜를 발휘해야 한다. 엄청난 카리스마를 뽐내며 소프트뱅크의 승승장구를 이끌고 있는 손정의孫正義 회장은 조직 내에 자신의 후계자를 양성하는 기관을 별도로 두고 있다. 소프트뱅크 아카데미아 SoftBank Academia가 바로 그것으로, 그는 이곳에서 양성한 인재 중 가장 탁월한 사람을 뽑아 자신의 뒤를 잇게 하겠다는 포부를 밝혔다. 그러면서 그는 '기업의 규모를 10년에 4~5배씩 키울 수 있는 사람이라면 누구든 자신의 후계자가 될 자격이 있다'고 이야기했다. 현재 기업이 최고의 성과를 내고 있음에도 불구하고 이미 권좌에서 아름답게 내려올 준비를 하고 있는 것이다.

목련꽃이 아무리 아름다워도 추하게 지는 꽃잎을 노트에 간직하는 사람은 없다. 리더가 사람들의 기억 속에 아름답게 물든 단풍잎으로 남고자 한다면 아우렐리우스가 남겨준 '사람은 물러설 때를 알아야 한다'는 지혜를 깊이 간직해야 할 것이다.

● 부록_ 양심경영지표

양심경영지표는 리더 스스로 양심(良心)에 기반한 리더십을 실현하고 있는지를 점검해보는 데 목적이 있다. 리더도 사람이기에 이 표에 해당하는 사항들을 완벽하게 실행할 수는 없지만, 이러한 사항들을 수시로 점검하다 보면 리더와 구성원 모두가 초심을 잃지 않고 흔들림 없이 나아가는 데 큰 도움을 얻을 수 있을 것이다.

대분류	소분류	질문	Self Check!
경(敬) 〈깨어있음〉	이념 및 철학	우리 조직은 경영 활동의 지침이 되는 기업 이념 및 경영 철학(미션)이 있으며, 그것들이 양심에 기반해서 구성되어 있다.	
	경영진의 몰입	우리 조직의 리더들은 조직이 추구하는 이념 및 비전을 기반으로 자신의 일을 열정적으로 몰입해 잘 수행하고 있다.	
	구성원의 몰입	우리 조직의 구성원들은 조직이 추구하는 이념 및 비전을 기반으로 자신의 일을 열정적으로 몰입해 잘 수행하고 있다.	
	고정관념 및 자만심 관리	우리 조직에는 과거 경험에 기반해서 고집을 부리거나 과거에 안주하는 일이 많지 않다.	
	자기성찰	우리 조직의 구성원들은 항상 객관적이고 냉철한 관점에서 스스로를 평가하고 답을 찾으려고 노력한다.	
	동료 간의 재미	우리 조직의 구성원들은 서로에게 관심을 가져 주고 즐거운 분위기 속에서 일하고 있다.	
	직무에 대한 재미	나는 나의 일이 즐겁고 재미있으며, 이를 통해 업무에 몰입하고 있다	
인(仁) 〈사랑〉	조직과 구성원 간의 배려(억지사지)	우리 조직은 구성원들의 입장을 잘 이해하고 배려하며 가능한 한 좋은 역할, 성장 기회, 보상을 제공하기 위해 노력하고 있다.	

인(仁) 〈사랑〉	구성원 상호 간의 배려 (역지사지)	우리 조직의 구성원들은 서로의 입장을 잘 이해하고 배려하며, 조직의 이념 및 비전에 맞는 방향으로 협력하고 있다.	
	조직과 주주 간의 배려 (역지사지)	우리 조직은 조직과 주주 상호 간의 입장을 배려하고 Win-Win할 수 있도록 최선을 다하고 있다.	
	조직과 고객 간의 배려 (역지사지)	우리 조직은 항상 고객의 요구와 입장을 배려해 최선의 상품과 서비스를 제공하기 위해 노력하고 있다.	
	조직과 사회 간의 배려 (역지사지)	우리 조직은 가능한 한 최선을 다해서 사회에 공헌하고 기여하려고 노력하고 있다.	
	사회 환원	우리 조직은 수입의 일부를 기부하거나 구성원들의 봉사 등을 통해 사회 환원을 위한 노력을 하고 있다.	
의(義) 〈정의〉	자율적 규율 및 행동 규범	우리 조직은 공익적 행동 규범이 뚜렷이 정해져 있어서 자원 낭비, 비효율, 사욕 추구 등 공익을 해치는 행위가 자율적으로 잘 규제되고 있다.	
	공정성	우리 조직은 능력과 신망에 따라 역할 부여가 적절하게 이루어지고 있으며, 조직의 여력에 맞춰 인사, 보상, 기회 등을 공정하게 제공하려고 노력하고 있다.	
	조직이 구성원에게 주는 피해 관리	우리 조직은 양심에 기반해, 조직의 이익을 위해 구성원들에게 피해를 주는 정책과 행동을 최소화하려고 노력하고 있다.	
	조직이 협력사에게 주는 피해 관리	우리 조직은 양심에 기반해, 조직의 이익을 위해 협력사나 협력 인력에게 피해를 주는 정책과 행동을 최소화하려고 노력하고 있다.	
	조직이 주주에게 주는 피해 관리	우리 조직은 양심에 기반해, 조직과 구성원의 이익을 위해 주주에게 피해를 주는 정책과 행동을 최소화하려고 노력하고 있다.	

의(義) 〈정의〉	조직이 고객에게 주는 피해 관리	우리 조직은 양심에 기반해, 조직과 구성원의 이익을 위해 고객에게 피해를 주는 정책과 행동을 최소화하려고 노력하고 있다.	
	구성원 상호 간의 피해 관리	우리 조직은 양심에 기반해, 구성원들이 자신의 이익을 위해 다른 구성원에게 피해를 주는 행동을 최소화하려고 노력하고 있다.	
예(禮) 〈예절〉	리더의 구성원에 대한 존중	우리 조직의 리더들은 구성원들을 존중하는 태도를 가지고 있으며, 항상 상황에 적절한 말과 행동을 하려고 노력하고 있다.	
	연장자에 대한 존중	우리 조직은 직책이나 역할에 상관 없이 연장자를 존중하는 태도를 가지고 있으며, 이런 부분을 고려해서 말과 행동을 하려고 노력하고 있다.	
	구성원 상호 간의 존중	우리 조직의 구성원들은 상호 간에 존중하는 태도를 가지고 있으며, 항상 상황에 적절한 말과 행동을 하려고 노력하고 있다.	
	조직의 구성원에 대한 존중	우리 조직은 제도나 각종 사안에 따른 공지문을 구성원을 배려하는 마음으로 작성해 알리고 있다.	
	조직 예절 및 업무 형식	우리 조직은 내부적으로 합의된 형식의 예절이 있으며, 문서 공유 및 커뮤니케이션 역시 합의된 형식으로 잘 이루어지고 있다.	
	브랜드 아이덴티티 관리	우리 조직은 적절한 상표나 마크 등으로 조직의 미션과 비전 등을 조직 내외부에 직관적으로 잘 표현하고 있다.	
	조직의 업무 환경	우리 조직은 가능한 한 일하기 좋은 쾌적한 근무 환경과 각종 지원을 제공하려고 노력하고 있다.	
	구성원 독려 및 격려	우리 조직은 가능한 한 구성원들이 개인적으로 겪고 있는 슬픈 일이나 기쁜 일들을 함께 나누려고 노력하고 있다.	

지(智)〈지혜〉	정보 수집 및 관리	우리 조직은 조직의 본질적인 미션과 비전을 달성하는 데 필요한 핵심적인 정보들을 체계적으로 수집·검토·공유·활용하고 있다.	
	히스토리 관리	우리 조직은 과거의 성공 또는 실패 경험을 공유함으로써 의사결정 시 같은 실수를 반복하는 일이 생기지 않도록 하고 있다.	
	비전 및 방향성	우리 조직의 리더들은 현실성 있는 비전과, 새로운 사업 모델 또는 사업목표·전략을 개발·제시함으로써 구성원들에게 자명한 확신과 공감을 주고 있다.	
	제도 및 시스템	우리 조직은 사업 수행에 필요한 각종 제도나 시스템 등을 전반적으로 잘 갖추고 있다.	
	정보 공유	우리 조직의 리더들은 항상 중요한 정보나 이슈들을 잘 알려주며 의사 전달 과정에서 정보와 사실이 왜곡되지 않도록 하고 있다.	
	창의경영	우리 조직은 각종 이슈 및 문제의 본질을 정확히 파악해 자명하게 해결하려고 노력하며, 항상 새로운 상품 및 서비스를 제공하기 위해 노력하고 있다.	
	회의 문화	우리 조직은 구성원 모두가 의견을 잘 제시하고 깨어있는 마음으로 서로의 의견을 논의함으로써 자명한 결론을 내리려고 노력하고 있다.	
	구성원 학습	우리 조직은 신규 구성원이나 리더에게 필요한 지식·스킬·소양 교육이 잘 이루어지고 있다	
신(信)〈성실〉	조직 내외부 신뢰감	우리 조직은 구성원 모두가 사회에 도움이 되는 방향으로 조직의 존재 의의와 비전을 달성하기 위해 노력함으로써 조직 내외부에서 높은 신망을 받고 있다.	
	구성원 추천	나는 기꺼이 친구나 지인들에게 우리 조직에 들어오도록 추천하겠다.	

신(信) 〈성실〉	자부심	나는 우리 조직에서 일하는 것을 자랑스럽게 생각한다.
	리더의 노력과 끈기	우리 조직의 리더들은 항상 사명감을 가지고 태만하지 않으려 노력하고 있으며, 말과 행동이 일치한다.
	구성원의 노력과 끈기	우리 조직의 구성원들은 항상 사명감을 가지고 태만하지 않으려 노력하고 있으며, 말과 행동이 일치한다.
	양심경영	우리 조직은 공익을 해치지 않는 합리적 사익 추구를 통해 사회에 기여하려는 양심경영을 지속적으로 실행하고 있다.

● 참고문헌

● 도서 ●

구본형, 《사람에게서 구하라》, 을유문화사, 2007.
권태훈, 《봉우일기》, 정재승 역, 정신세계사, 1998.
김경준, 《CEO, 역사에게 묻다》, 위즈덤하우스, 2009.
대니얼 골먼, 《EQ 감성지능》, 한창호 역, 웅진지식하우스, 2008.
동시야, 《피터 드러커의 경영 블로그》, 김수연 역, 글로북스, 2011.
렁청진, 《변경-5천 년 중국 역사 최고의 인재 활용 경전》, 김태성 역, 더난출판사, 2003.
로버트 레버링, 《훌륭한 일터》, 이관웅 역, 엘테크, 2002.
로버트 시몬스 외, 《하이퍼포먼스 조직》. 김은숙 옮김, 하버드비즈니스리뷰, 2006.
롤프 도벨리, 《스마트한 생각들》, 두행숙 역, 걷는나무, 2012.
마르쿠스 아우렐리우스, 《명상록》, 원혜정 역, 매월당, 2009.
마쓰시타 고노스케, 《경영에 불가능은 없다》, 김정환 역, 청림출판, 2013.
맥스 랜드버그, 《코칭경영의 道》, 김명렬 역, 푸른솔, 2003.
모리타 나오유키, 《이나모리 가즈오의 아메바 경영 매뉴얼》, 김진연 역, 예문, 2015.
미첼 쿠지 · 엘리자베스 홀로웨이, 《썩은 사과》, 서종기 역, 예문, 2011.
박현모, 《세종처럼》, 미다스북스, 2014.
빌 게이츠, 《빌게이츠 @ 생각의 속도》, 안진환 역, 청림출판, 1999.
스티븐 P. 로빈슨, 《조직 행동론》, 김광점 역, 시그마프레스, 2006.
스티븐 샘플, 《창조적인 괴짜들의 리더십》, 표완수 역, 김영사, 2003.
스티븐 코비, 《성공하는 사람들의 7가지 습관》, 김경섭 역, 김영사, 2003.

스티븐 코비,《원칙중심의 리더십》, 김경섭·박창규 역, 김영사, 2001.
스펜서 존슨,《누가 내 치즈를 옮겼을까》, 이영진 역, 진명출판사, 2008.
신채호,《조선위인전》, 범우사, 1997.
아놀드 조셉 토인비,《역사의 연구》, 홍사중 역, 동서문화사, 2007.
애덤 스미스,《도덕감정론》, 박세일·민경국 역, 비봉출판사, 2009.
앤드류 로버츠,《CEO 히틀러와 처칠, 리더십의 비밀》, 이은정 역, 휴먼앤북스, 2003.
앤드류 스마트,《뇌의 배신》, 윤태경 역, 미디어윌, 2014.
에노모토 히데타게,《마법의 코칭》, 황소연 역, 새로운 제안, 2004.
에릭 슈미트·조너선 로젠버그·엘런 이글,《구글은 어떻게 일하는가》, 박병화 역, 김영사, 2014.
오기,《오자병법》, 김경현 역, 홍익출판사, 1998.
오세웅,《엘런 머스크의 가치 있는 상상》, 아틀라스북스, 2014.
우가야 마사히로,《세상의 모든 법칙》, 박재현 역, 씨앤아이북스, 2015.
윌리엄 더건,《제7의 감각》, 윤미나 역, 비즈니스맵, 2008.
유정식,《시나리오 플래닝》, 지형, 2009.
유종선,《미국사 다이제스트 100》, 가람기획, 2012.
윤석철,《경영학의 진리체계》, 경문사, 2002.
윤홍식,《내안의 창조성을 깨우는 몰입》, 봉황동래, 2014.
윤홍식,《논어, 양심을 밝히는 길》, 살림, 2013.
윤홍식,《대학, 인간의 길을 열다》, 봉황동래, 2005.
윤홍식,《양심이 답이다》, 봉황동래, 2014.
이나모리 가즈오,《일심일언》, 양준호 역, 한국경제신문사, 2013.
이나모리 가즈오,《카르마 경영》, 김형철 역, 서돌, 2005.
이순신,《난중일기》, 이민수 역, 범우사, 1984.
조미옥,《훌륭한 일터 GWP》, 넥서스BIZ, 2010.
짐 콜린스,《좋은 기업을 넘어 위대한 기업으로》, 이무열 역, 김영사, 2002.

칩 히스 · 댄 히스,《스위치》, 안진환 역, 웅진지식하우스, 2010.
케빈 프레이버그 · 재키 프레이버그 · 데인 던스턴,《나노베이션》, 신현승 역, 세종서적, 2013.
톰 피터스,《미래를 경영하라》, 정성묵 역, 21세기북스, 2005.
한비,《한비자》, 김원중 역, 현암사, 2003.
홍자성,《채근담, 인생경영의 지혜》, 윤홍식 역, 봉황동래, 2011.
홍하상,《정주영 경영정신》, 바다출판사, 2006.

● 기타 ●

경남도민일보,〈아침을 열며〉 간디 나라 인도의 타타 나노 편, 김형석, 2013.
머니투데이,〈손정의 제국 ①〉, 도강호, 2014.
문화일보,〈파워 인터뷰〉 김성근 편, 엄주엽, 2010.
이코노믹리뷰,〈CEO Lecture〉 서두칠 사장 편, 2005.
조선왕조실록, http://sillok.history.go.kr
주한캐나다대사관 블로그, 성공의 대표 사례! 캐나다의 금광회사 '골드코프', http://insidecanada.kr/50140865995
한겨레신문,〈한겨레가 만난 사람〉 서능욱 편, 이민우, 2012.
한겨레21 제958호,〈김연철의 협상의 추억〉 이래도 대화가 굴복인가, 2013.
한국존슨앤드존슨메디칼㈜, http://www.jnjmed.co.kr/our-credo
EBS,〈세상을 바꾼 리더십〉 제4부, 2013.
EBS,〈지식채널e〉 맨체스터 유나이티드 박지성 편, 2006.
EBS,〈최후의 제국〉 제2부, 2012.
KBS,〈시사기획 창〉 로봇 혁명, 미래를 바꾸다 편, 2015.
tvN,〈미생〉, 2014.